U0499295

数字普惠金融助力
农户增收的机制研究

安丛梅 著

中国财经出版传媒集团

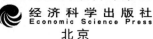

经济科学出版社
Economic Science Press
北京

图书在版编目（CIP）数据

数字普惠金融助力农户增收的机制研究／安丛梅著.
北京：经济科学出版社，2025.1.--（杭州市委党校精品文库）.-- ISBN 978-7-5218-6652-0

Ⅰ.F832.1-39；F323.8

中国国家版本馆 CIP 数据核字第 2025VD5380 号

责任编辑：何　宁　王文泽
责任校对：王肖楠
责任印制：张佳裕

数字普惠金融助力农户增收的机制研究
SHUZI PUHUI JINRONG ZHULI NONGHU ZENGSHOU DE JIZHI YANJIU
安丛梅　著
经济科学出版社出版、发行　新华书店经销
社址：北京市海淀区阜成路甲 28 号　邮编：100142
总编部电话：010-88191217　发行部电话：010-88191522
网址：www.esp.com.cn
电子邮箱：esp@esp.com.cn
天猫网店：经济科学出版社旗舰店
网址：http://jjkxcbs.tmall.com
北京季蜂印刷有限公司印装
710×1000　16 开　13 印张　190000 字
2025 年 1 月第 1 版　2025 年 1 月第 1 次印刷
ISBN 978-7-5218-6652-0　定价：56.00 元
（图书出现印装问题，本社负责调换。电话：010-88191545）
（版权所有　侵权必究　打击盗版　举报热线：010-88191661
QQ：2242791300　营销中心电话：010-88191537
电子邮箱：dbts@esp.com.cn）

　　本书受浙江省"八八战略"创新发展研究智库联盟，以及中国式现代化与共同富裕研究中心项目资助。本书为杭州市哲学社会科学规划课题"数字普惠金融促进山区农户增收的机制研究"（课题编号：24JD092）的研究成果。

目 录

第 1 章

导　言

1.1　研究背景与意义

1.1.1　研究背景

习近平总书记在 2020 年中央农村工作会议上指出："民族要复兴，乡村必振兴。"[①] 在党中央的正确领导下，经过多年艰苦奋斗，中国的"三农"工作成效显著，脱贫攻坚战取得了全面胜利。美中不足的是，目前中国的农业基础仍然不够稳固，城乡居民收入差距依然较大，城乡发展也不平衡，而这些正是中国社会主要矛盾的集中体现。西方主流的经济发展理论认为，经济的增长会带来居民收入分配的差异，在某种程度上，收入分配的差异也会促进居民收入的增长及经济总量的增长，在经济发展到一定程度时，收入分配差异的问题就会逐渐消失。然而，这种理论在众多发展中国家的实践却并不乐观。世界发展的经验告诉我们，在经济发展的初期阶段，基尼系数普遍处于较低水平，但随着经济的快速发展，经济总量的

---

① 有力有效推进乡村全面振兴［EB/OL］. 光明网, https：//baijiahao. baidu. com/s？id = 1791564056168272541&wfr = spider&for = pc, 2024 – 02 – 22.

不断提高，基尼系数开始提升，居民收入分配的差距所带来的种种社会矛盾便成为世界各国发展的困惑。我国在经历了改革开放以来经济发展的高速飞跃期后，获得了举世瞩目的发展成果，但在此过程中，我们同样也遇到了很多阶段性的发展问题。例如，经济发展中的金融排斥现象、城乡二元经济结构矛盾、收入分配差距、机会不平等、资源分配不均衡以及环境污染等问题。为解决我国发展进程中出现的这些经济增长动力不足、财富差距过大、收入分配不均等问题，国家综合研判国际国内形势，在党的十九届五中全会上通过了《中共中央关于制定国民经济和社会发展第十四个五年规划和二〇三五年远景目标的建议》，提出到 2035 年，全体人民共同富裕取得更为明显的实质性进展。此外，2021 年还特别发布了《中共中央 国务院关于支持浙江高质量发展建设共同富裕示范区的意见》，将浙江省作为实现共同富裕的先试先行地区，为全国人民走向共同富裕作出示范。

要实现共同富裕，最重要的环节之一便是提高农村居民的收入水平，缩小城乡收入差距。那么如何提高农村居民的收入呢？数字普惠金融在其中发挥的作用成为近期学界关注的热点。实现农民增收和农村共同富裕是一项长远、系统的事业，离不开金融的长期支持和引导。但由于金融机构有抵押担保的门槛，一般低收入家庭难以获得金融服务，无法进行外部融资，使低收入家庭陷入持续性贫困，收入差距越来越大（Banerjee and Newman，1993；Waller and Woodworth，2001）。为提高金融服务的可得性，减少贫困，消除不平等（Deminrg et al.，2009），2005 年，在联合国"国际小额信贷年"会议上，普惠金融的概念被正式提出。党的十八届三中全会审议通过的《中共中央关于全面深化改革若干重大问题的决定》提出"发展普惠金融，鼓励金融创新"，并指出普惠金融要满足社会各阶层和群体的金融需求，尤其侧重低收入人群、农民和小微企业。2015 年中央一号文件明确提出"推动金融资源持续向'三农'倾斜"，在 2021 年的中央一号文件中首次提出"发展农村数字普惠金融"，要求通过持续深化农村金融改革、撬动农村金融资本、发展农村数字普惠金融等方式强化农业农村优先发展投入保障，2022 年的中央一号文件更是将"强化乡村振兴金融服务"单列为一项重要内容，在 2024 年的中央一号文件中又进一步强调"发展农村数字普惠金融，推进农村信用体系建设。"可见，在推进乡村振兴和实现共同富裕的进程中，数字普惠金融被寄予了厚望。

　　数字普惠金融作为数字技术与普惠金融深度融合的产物，可以依托互联网、大数据、云计算等前沿技术，更精准地识别农户、农村小微企业的资金需求，有效扩大金融服务的覆盖面，将资源引导至重点领域和薄弱环节，在服务"三农"、带动农民增收、推动农村共同富裕方面发挥着积极作用。2021 年全国 30 个省（自治区、直辖市）的数字普惠金融发展指数中位数为 367.89，相比 2011 年增长将近 9.9 倍①，区域间的数字普惠金融发展差距逐步缩小，并且 2017～2021 年县域数字信贷服务的增长最为显著②，可见数字普惠金融已成为服务农村农户的重要手段。就实践层面而言，不少金融机构已经开始在农村地区布局金融的数字化转型，例如，中国建设银行推出"裕民通"业务，运用互联网技术将触角延伸到农村，为边远地区的农户及养殖专业户提供转账汇款、代理缴费等服务，现已覆盖 80% 的乡镇和行政村；浙江农信社创新信用贷款模式，通过"数据 + 人工"的双轮驱动，构建"无感授信"的白名单，为农户提供低门槛、广覆盖的信用快贷服务。相较于传统金融，数字普惠金融通过人工智能、大数据和区块链等互联网技术，克服了传统金融网点设置成本过高，覆盖范围不足的弊端，减少了信息不对称，使金融服务的时间和地点更加灵活，减少了获取金融服务的成本，扩大了金融服务的覆盖群体，提高了金融服务的普惠性和精准性，对于提高低收入人群和农村居民的收入，缩小城乡居民收入差距具有重要的意义。那么，当前数字普惠金融在农村发展的现状如何？运行模式有哪些？是否如预期般切实提高了农村居民的收入水平？相应的作用机制是怎样的？在不同群体、不同地区间的作用差异又如

---

①　资料来源：《北京大学数字普惠金融指数（2011—2021 年）》。
②　资料来源：《中国县域数字普惠金融发展指数报告 2021》。

何？本书通过理论与实证相结合，尝试对上述问题作出科学合理的回答。

1.1.2 研究意义

本书全面系统地分析了数字普惠金融促进农户增收的作用机理，并用实证来检验数字普惠金融对农户不同收入的影响机制，不仅具有较强的学术价值，而且对促进农户增收、实现农村共同富裕具有现实的指导意义。

（1）理论意义。

随着我国城镇化进程的不断加快，以及农村金融的不断深化，农村经济的发展以及农户的收入水平得到了极大的提高，但农村地区的金融排斥，以及资源分配不公等问题依旧突出。在此背景下，农村数字普惠金融的发展，较好地弥补了农村金融发展中的不足，以数字化手段促进了我国农村地区金融的发展水平，并以公平、公正的理念为我国农村社会的和谐、经济的发展起到了良好促进作用。目前，对农村数字普惠金融的研究主要集中在其对城乡收入差距的影响、对农村减贫效应的影响和对农村共同富裕的影响这三个方面。关于数字普惠金融对农户不同收入的影响，特别是相应的影响机制的研究还相对薄弱。基于此，本书通过理论与实证分析，探究了数字普惠金融在农村的发展模式、对目标农户群体的瞄准策略，以及数字普惠金融对农户种植业收入、创业性收入和财产性收入的不同影响机制，并提出了相应的政策建议，希望本书的研究成果可以进一步丰富数字普惠金融对农户增收方面的研究，并弥补现有相关理论研究的不足。

（2）现实意义。

首先，为政府及金融机构发展农村数字普惠金融提供决策依据。在全面推进乡村振兴的时代背景下，政府部门出台了多项政策倡导发展农村数字普惠金融，但数字普惠金融能否以及通过何种机制推动农民增收还有待进一步研究。本书通过考察数字普惠金融影响农户收入的理论机制，为政府部门制定和完善数字普惠金融在农村的发展政策提供决策参考。其次，为实现共同富裕及促进农户增收的相关政策制定提供理论依据。本书从金融视角探究了影响农民增收的重要因素，提出了数字普惠金融在农村发展的重要意义，明晰了数字普惠金融促进农户增收的逻辑链条，为共同富裕背景下增加农户收入提供了金融视角下的政策方案，为政策制定者从金融视角促进农户增收提供了理论决策依据。

1.2　文　献　综　述

1.2.1　关于数字普惠金融的研究

为充分把握数字普惠金融的发展脉络，深入理解数字普惠金融的内蕴及价值，该部分系统梳理了数字普惠金融的相关文献，并从数字普惠金融的内涵、测度与作用效果三个方面对现有文献进行归纳。

（1）数字普惠金融的内涵。

数字普惠金融是普惠金融的衍生。普惠金融是 2005 年世界银行于国际小额信贷年提出的概念，早在这一概念正式提出之前，各国已有了相关的实践尝试，譬如爱尔兰的贷款基金和孟加拉国的乡村银行。2006 年，中国人民银行研究局焦瑾璞局长在亚洲小额信贷论坛上正式使用了"普惠金融"一词，引起了国内学术界的广泛关注。焦瑾璞（2010）认为普惠金融是小额信贷和微型金融的延伸。邢乐成（2018）认为普惠金融遵循可负担、可获得、可持续的原则，通过技术和营销手段创新，服务小微企业、"三农"客户和其他弱势群体。尽管学者们对普惠金融的内涵理解不一，但对其具有包容性的内蕴达成了共识，即普惠金融可以缓解贫困人群和弱势群体被传统金融机构排斥的困境，对减缓贫困和改善收入不平等具有积极作用（Beck，2007；Park，2015）。但在实践中，普惠金融被发现存在商业可持续性不强和监管不严的问题（陆磊，2014；谢清河，2013）。主要原因在于普惠金融强调向弱势群体倾斜金融资源，让他们公平地享有金融服务，但这类"长尾客户"的服务成本较高，且存在信息不透明的情况，与提供服务的金融机构追逐利润的商业目标背离（星焱，2015），导致产生普惠性和可持续性难以兼顾的内生困境。此外，我国现有的金融监管法律大多基于传统金融业制定，对创新型金融业务的约束力度不强，而普惠金融涉及的业务范围和领域比较广泛，如此一来极易产生灰色地带，造成监管失灵（陈科，2017）。

数字技术的迅速发展为普惠金融转型提供了新思路，数字普惠金融的概念应运而生。2016 年，G20 杭州峰会报告了《G20 数字普惠金融高级原则》，提出关于数字普惠金融的 8 项原则，倡导利用数字技术推动普惠金融发展。2017 年，全国金融工作会议提出"构建普惠金融体系"，并建议依托数字技术，融合"互联网＋"改善普惠金融服务成本高、信息不对称的固有症结。2019 年，普惠金融高峰论坛倡议加强政策指引作用，促进数字普惠金融可持续发展，标志着数字化已成为普惠金融发展的必然趋势。

关于数字普惠金融的内涵，国际上比较通用的是 G20 峰会上普惠金融全球合作伙伴（GPFI）发布的白皮书中对数字普惠金融的诠释，即"一切通过数字金融服务促进普惠金融的行为"。在理论界，董玉峰和赵晓明（2018）认为数字普惠金融是普惠金融的深化。黄益平和黄卓（2018）将数字普惠金融解释为"利用数字技术实现投融资、支付等新型金融业务模式"，概念与互联网金融和金融科技类似但覆盖面更广。贺刚（2020）认为数字普惠金融是依托互联网，为难以被金融服务惠及的群体提供低廉和便捷金融服务的创新业务模式。国外研究方面，奥齐利（Ozili，2018）认为数字普惠金融可以使个人和企业无须与金融服务机构打交道便可直接通过互联网获得支付、储蓄、信贷等金融服务。也有学者认为相比传统金融而言，数字普惠金融的金融服务可得性更高、覆盖面更广、效率更高并能够消除信息的不对称（Yang and Zhang，2020）。

数字普惠金融的定义虽暂无统一的标准，但是具备三个明显特征：一是以数字技术为支撑。运用大数据、云计算、移动互联网等技术，打破时空限制、扩大服务范围、降低交易成本和促进信息共享（贝多广，2017；任晓怡，2020）。二是以所有群体为服务对象。通过增加线上服务场景、降低金融服务门槛、提高服务触达面，将社会各类群体，特别是未被传统金融覆盖的贫困人群、农民和小微企业纳入服务范围。三是以金融为服务内容。数字普惠金融的本质仍然是价值流通、资金融通，为客户提供储蓄、贷款、支付、结算、理财、保险等金融产品（贝多广，2017；贺刚等，2020）。虽然国内外学者对数字普惠金融的深刻内涵尚未形成统一的认识，但他们均认同数字普惠金融具有以数字技术为支撑、覆盖群体广泛和以金融为服务内容等的基本特征。

（2）数字普惠金融的测度。

数字普惠金融是以传统金融发展为基础，数字信息技术与普惠金融发展相结合的一种新型金融模式。普惠金融发展水平，是一个多维的概念，贝克等（Beck et al.，2007）从地理渗透性、金融服务可获得性和产品使用有效性三个方面构建普惠金融指数；萨尔马（Sarma，2008）从银行渗透度、金融服务可得性和使用情况三个维度构建普惠金融指数。国内学者也对普惠金融指标体系构建做了大量的研究，其具体维度包括从金融服务可得性、金融服务使用情况和金融服务质量三个方面构建普惠金融指数（包钧等，2018；邹伟和凌江怀，2018）；马彧菲等（2017）从宏观、银行和保险三个维度构建普惠金融指数；刘亦文等（2018）从渗透性、服务可得性、适用效用性和可负担性四个维度来构建普惠金融指标体系。

如前所述，数字普惠金融是在数字金融和普惠金融的基础上发展而来，其指标测度可在传统普惠金融指标体系的基础上加入创新的数字金融指标（成学真，2020）。基于此，马尼卡（Manyika，2016）从互联网覆盖率、智能手机持有率等多个维度度量了新兴国家数字普惠金融指数。2016年，北京大学数字金融研究中心正式发布了《北京大学数字普惠金融指数(2011—2015年)》，2019年又将其进行了更新，此指数现已更新到2022年，覆盖了中国 31 个省份、337 个地级市和 2800 个县域（郭峰，2020）。此外，蒋庆正等（2019）采用加权算术平均法从电子银行使用广度、电子银行使用深度和电子银行使用可持续性三个维度构建了农村地区数字普惠金融评价指标体系。冯兴元等（2021）从服务广度、服务深度和服务质量三个方面构建了中国县域数字普惠金融发展指数评价体系。

（3）数字普惠金融的作用效果。

第一，关于数字普惠金融减贫效应的研究。帕克和梅尔卡多（Park and Mercado，2016）进行了实证分析，发现数字普惠金融对缩小城乡收入差距、减缓贫困等方面存在明显作用。马彧菲和杜朝运（2017）选取居民消费水平作为评价指标来对普惠金融的减贫效应进行验证，结果显示数字普惠金融有利于减缓贫困。韩晓宇和星焱（2017）搭建了面板向量自回归模型进行实证分析，发现数字普惠金融具有比较明显的减贫效应，且这种效应是动态变化的。卢盼盼和张长全（2017）采用 GMM 检验方法发现数字普惠金融可以降低贫困发生率。刘锦怡和刘纯阳（2020）认为，数字普惠金融通过直接和间接两个层面实现减贫，一方面通过促进互联网信贷和互联网保险发展（即金融可得性）直接减缓农村贫困，另一方面则通过增加个体就业和私营企业就业（即经济机会）间接地实现减贫效应。

第二，数字普惠金融对城乡差距的影响方面。相关研究主要从收入、消费、社会福利等方面的差距展开分析。关于城乡收入差距，宋晓玲（2017）认为，通过数字技术的加持，再辅以用户群和风险控制的耦合作用，数字普惠金融解决了传统普惠金融长期存在的成本收益不匹配的困境，可以显著地降低金融服务使用门槛、缓解农村地区金融排斥、减缓贫困，进而促进城乡收入差距的缩小。孙继国和赵俊美（2019）指出，在缩小城乡收入差距方面，数字普惠金融比传统普惠金融的功能更强。关于城乡消费差距，张彤进和蔡宽宁（2021）认为，数字普惠金融可以缩小城乡消费差距，这种作用主要是通过提升农村居民支付速度和便利度、扩大信贷规模以及降低农民储蓄三种方式实现的。高婧和唐宇宙（2021）认为，由于数字普惠金融可以显著地降低金融排斥，具备较强的普惠性，可以在缩小城乡居民消费差距方面产生助力。对于城乡社会福利差距，倪瑶和成春林（2020）指出，普惠金融是否数字化对于城乡居民福利差异的影响是完全不同的，由于城乡在金融触达性上的巨大差异，在普惠金融数字化前，会进一步造成城乡居民福利差异的扩大，而数字化后这一效应将发生巨大改变，可以显著地缩小城乡居民福利差异。金发奇等（2021）认为，数字普惠金融可以调节城乡居民福利差异，这种调节的效率高低在很大程度上受限于技术进步的制约。

第三，关于数字普惠金融对产业结构影响的研究。唐文进等（2019）认为，在数字金融覆盖广度、使用深度和数字化程度的三个维度中，只有覆盖广度有助于促进产业结构升级，另外两个维度与产业结构升级之间则不存在显著的线性关系。杜金岷等（2020）研究发现，数字普惠金融的发展，可以显著地促进产业结构的合理化、高级化，以及推动产业内部的优化。孙倩和徐璋勇（2021）认为，由于相对贫困县和非贫困县在所处自然环境、制度环境和县域发展阶段等禀赋方面存在差异，所以数字普惠金融发展对贫困县和非贫困县的作用并不相同，而是存在一定的异质性，对贫困县的作用并不显著。涂强楠和何宜庆（2021）认为，数字普惠金融与制造业产业结构升级呈非线性关系，科技创新能力越强，数字普惠金融越能发挥对高端制造业产业结构升级的促进作用。

第四，关于数字普惠金融对经济发展与创新的影响研究。郑雅心（2020）指出数字普惠金融有利于区域创新产出的增加，这一推动作用虽然普遍存在，但在我国东部、中部、西部三大地区有着明显的异质性现象。姜松和周鑫悦（2021）认为，数字普惠金融的发展可以促进经济的高质量发展，但这种促进作用存在一定的结构性矛盾。肖威（2021）通过研究发现，数字普惠金融的发展能够通过存款机制和贷款机制有效促进经济增长，并且经济增长效应在经济欠发达地区强于经济较发达地区。任碧云和刘佳鑫（2021）认为，数字普惠金融的发展可以缓解融资约束，进而既可以直接促进区域创新水平的提升，也可以通过提高人力资本供给或者促进产业升级产生外部需求的方式，间接促进区域创新水平的提升。

第五，关于数字普惠金融对就业、创业以及家庭金融资产配置的影响研究。就业与创业方面，谢绚丽等（2018）认为，对于城镇化率较低的地区以及微型企业，数字普惠金融的发展具有显著的鼓励创业的作用。冯大威和高梦桃（2020）指出，从雇员规模和创业动机的角度来看，数字普惠金融的发展对"雇主型"和"机会型"创业几乎无影响，而对于"自雇型"和"生存型"创业则具有明显的正向影响。另外，社会资本能够强化数字普惠金融对创业行为的促进作用。马国旺和王天娇（2021）提出，数字普惠金融发展对中西部和传统金融欠发达地区、城镇和高技能劳动力的就业促进作用更强。家庭金融资产配置方面，易行健和周利（2018）指出，数字普惠金融可以促进居民消费，这种促进方式主要通过缓解流动性约束、便利居民支付两种机制体现，当居民的受教育程度越高、认知能力越强时，数字普惠金融对样本期居民消费的促进效应更为明显。汪莉等（2021）指出，数字普惠金融能够显著提升家庭持有风险性金融资产的比例，信息不对称和交易成本降低是主要影响机制。

1.2.2　数字普惠金融在农村产生的影响研究

（1）数字普惠金融对农户收入的影响研究。

数字普惠金融的发展极大地提高了农村金融的渗透性和可负担性，增加了农村居民的信贷可得性，特别是原来被排斥在金融体系之外的农户，可以更有效地对接并使用数字普惠金融，并对农户的收入产生积极影响。谢绚丽等（2019）、何婧和李庆海（2019）的研究表明数字普惠金融的发展通过缓解农户的信贷约束，显著提高了农户的创业行为，增加了农户的收入来源。孙学涛等（2022）指出，数字金融在农村地区的普及，拓展了农业部门的资本要素来源，为农业生产提供了资金，同时也推动了农业生产的机械化和科技化水平，从而有助于提高农户收入。田鸽和张勋（2022）的研究表明以数字金融为代表的消费互联网的发展，促进了农村低技能劳动力向数字化低技能的非农行业流动，带动了农村的非农就业。卢亚娟和张菁晶（2018）指出随着普惠金融的发展，农村居民的家庭收入格局将发生改变，受教育程度高、身体健康和投资经验丰富的农村居民将更倾向于多元化的金融资产配置，也将获得更多的财产性收入，吴雨等（2021）也认为数字普惠金融的发展提高了投资便利性、金融资源获取和家庭的风险承担水平，从而优化了家庭的金融资产配置。马彧菲（2019）通过实证分析，认为数字普惠金融具有贫困减缓作用，这种作用主要表现在四个方面：直接正向作用、通过包容性增长渠道促进包容性增长的发展、通过经济增长渠道促进经济增长、通过收入分配渠道减少收入分配差距。

但很多学者认为数字普惠金融对农户收入的影响存在明显的差异性。例如，杨东（2021）认为，农村数字普惠金融的增收效应存在比较明显的地区差异，这种增收效应仅在我国东部地区和西部地区存在，而在中部地区和东北地区则相对不明显，且增收效果在高学历组更为明显，高市场化组与低市场化组的农村普惠金融增收效应存在差异性，我国农村数字普惠金融的减贫效应对于重度贫困群体效果并不显著。张海燕（2021）认为，数字普惠金融对农户收入的影响是存在结构性的，影响程度的大小依次为：工资性收入最强、农业生产经营性收入次之，转移性收入最弱。安丛梅（2024）的研究表明，数字普惠金融对农户种植业收入的积极影响主要体现在粮食主产区内，且来自服务广度和服务深度的增加均显著提高了主产区内农户的种植业收入。另外，数字普惠金融服务广度的增加，实现了对弱势、小微群体的覆盖，并显著提高了普通小农户的种植业收入。

（2）数字普惠金融对农村经济发展的影响研究。

众多学者围绕农村数字普惠金融对农村产业振兴和农村经济发展的影响进行了研究。田娟娟等（2020）认为，数字普惠金融的发展可以促进现代农业经济发展和农业产业结构优化升级。谢琳（2020）指出，农村数字普惠金融在缓解小微企业和农村低收入群体的融资困境方面具有显著作用，也有利于促进农村地区经济活力的提升。贝多广（2020）认为，因为数字技术的使用，涉农企业融资难的问题将逐步得到解决，各类金融机构在数字化服务方面的探索为涉农企业主体带来了更多的融资机会，而这种机会的增多会在一定程度上促进农业的进一步发展。张合林（2021）认为，农村数字普惠金融的发展，有利于缩小我国东部、中部、西部地区的农业发展差距，促进农业高质量发展水平在不同区域间更加均衡。谢地和苏博（2021）认为，农村数字普惠金融的发展有利于促进乡村振兴战略的实施，而这种促进作用在一定程度上得益于数字基础设施建设与传统金融的同步发展。

1.3 研究内容

本书聚焦于数字普惠金融促进农户增收的效果和影响机制研究，探讨了农村数字普惠金融的发展现状，并对传统农商银行和互联网银行在农村开展的数字普惠金融模式进行了总结对比。本书还关注了数字普惠金融促进农户增收的效果和效率问题，对目标农户的选择和影响因素进行了分析，在此基础上，重点考察了数字普惠金融对农户种植业收入、创业性收入、财产性收入的影响和作用机制。最后，为数字普惠金融助力农户增收提出了针对性的政策建议。具体研究内容如下：

本书的前两章是研究的基础部分，主要对研究背景、研究意义、研究方法、文献综述和农村数字普惠金融发展的现状等进行阐述。第1章主要围绕本书的研究主题，分别探讨了本书的研究背景和意义，并就数字普惠金融的相关文献进行了系统梳理，在对与本书主题相关的研究现状进行梳理分析后，发现学术界对于农村数字普惠金融这一新兴金融领域的研究还不够丰富。第2章主要分析了数字普惠金融在农村发展的现状、机遇和挑战，并对数字普惠金融在农村的应用和典型案例进行了详细论述。以上两章构成了本书的研究基础。

第3章对农村数字普惠金融的模式进行了分析。该章立足于中国农村语境下的金融实践，在理论分析的基础上，从金融机构视角出发，探究并总结了传统农商银行与互联网银行在农村开展数字普惠金融的模式，并分析了模式背后的底层逻辑、运行机制和特点。为本书探讨数字普惠金融在农村的发展提供了理论逻辑与实践案例。

　　第 4 章探究了数字普惠金融与目标农户的定位策略。该章基于中国乡村振兴综合调查（CRRS）数据库，实证考察了数字金融对目标农户信贷可得性和多维收入的影响，以及影响数字普惠金融进行目标瞄准的因素，本章的研究结果进一步深化了对金融"造血式"扶贫和开发式扶贫的理解，也为数字金融促进农民增收和推进乡村振兴提供了必要的经验支撑和政策注脚。

　　第 5 章探究了数字普惠金融提高农户种植业收入的机制。本章立足于数字普惠金融发展变化的典型事实，基于中国乡村振兴综合调查（CRRS）数据库中的微观农户数据，考察了数字普惠金融的发展对"种地"农户收入的影响，并从赋能种植业生产链的视角解构了其中的作用机制，本章的研究在一定程度上对深化农村数字普惠金融服务、保障"种地"农户收入和推进农业高质量发展提供了经验证据和政策启示。

　　第 6 章考察了数字普惠金融提高农户创业性收入的机制。本章基于数字普惠金融与营商环境的互动协同视角，以中国家庭金融调查（CHFS）数据库中的微观农户家庭数据，实证考察了数字普惠金融、营商环境及其协同效应对农村家庭创业的影响，本章的研究结果不仅扩展了农村家庭创业研究的相关视角，也对优化农村数字普惠金融和营商环境建设，实现乡村振兴和共同富裕具有启示意义。

　　第 7 章探究了数字普惠金融提高农户财产性收入的机制。本章从土地流转行为的视角出发，基于中国乡村振兴综合调查（CRRS）数据库和北京大学数字普惠金融指数数据库，实证考察了数字普惠金融对农户财产性收入的影响及其作用机制，为农村土地制度改革大背景下，利用数字普惠金融促进农户土地流转行为，增加农户财产性收入，缩小城乡居民收入差距提供了政策参考。

　　第 8 章为政策启示，基于前文的研究，得出农村数字普惠金融促进农户增收的相关启示，主要包括：数字普惠金融模式在农村应用与推广的启示，数字普惠金融促进农户增收的目标瞄准思路，数字普惠金融提高农户种植业收入的政策建议，数字普惠金融提高农户创业性收入的政策建议，数字普惠金融提高农户财产性收入的政策建议五部分。

1.4 研究方法

一是文献分析法。本书将通过文献研究法对现有相关研究进行系统的分类对比,在掌握国内外数字普惠金融发展的相关理论与研究方法的基础上,重点对数字普惠金融产生的作用影响的相关文献进行了系统梳理,为本书后续的理论分析和实证分析提供了文献依据。

二是问卷调查法。为了更加直接地了解到数字普惠金融在农村发展的困境,以及普通农户、农村合作组织、家庭农场等使用主体对数字普惠金融的认识和使用情况,研究团队通过问卷调查的方式,向山东、广东、浙江等多个省份的农户和农业经营主体发放了调查问卷,充分了解了数字普惠金融促进农户增收的现实逻辑,为本书的研究提供了现实基础保障。

三是整体研究与个案研究相结合的方法。本书首先对我国农村数字普惠金融发展的现状和共性规律进行了整体研究,试图找到农村数字普惠金融发展存在的共性问题,以及所需关注的重点领域。另外,通过对不同地区和不同机构发展农村数字普惠金融的典型案例进行分析,探讨在不同的经济发展水平和资源禀赋条件下,发展农村数字普惠金融的不同实现路径。

四是定性与定量相结合的方法。一方面,基于经济学的相关理论,分析了农村数字普惠金融发展模式的背后逻辑,并从理论上探讨了数字普惠金融对不同目标农户,以及农户不同收入的影响机理;另一方面,根据研究需要,针对性地选取最小二乘法、工具变量法、有限信息最大似然法、倾向得分匹配法、固定效应模型和中介效应模型等计量经济学分析方法,对本书的理论假说进行了实证检验。

第 2 章 ▌

农村数字普惠金融的发展现状

2.1　数字普惠金融在农村发展的现状

　　根据北京大学数字金融研究中心的测算，中国数字普惠金融业务在2011~2020年实现了跨越式发展。2011年各省数字普惠金融指数的中位值为33.6，到2015年增长到214.6，2020年进一步增长到334.8，2020年省级数字普惠金融指数的中位值是2011年中位值的近10倍，指数值平均每年增长29.1%，可以看出中国数字普惠金融的快速发展趋势。特别是最近几年，数字普惠金融在农村的快速发展，已成为推动农村经济发展的重要力量。中国普惠金融研究院在2023年发布的《数字金融助力乡村振兴发展报告》中指出，由于申贷便捷、还款灵活、信用放款等优势，数字金融对于提升小额贷款的首贷户数量、满足短期资金需求、支持收入波动较大的小微经济发展起到了积极作用。该报告基于全国4省6县的2293份调查问卷，指出截至2023年约有40%以上的县域小微企业使用过线上贷款，且西部地区线上贷款使用率、满足率高于东部和中部地区。各地更是积极探索数字普惠金融服务乡村的创新做法。例如，山西省积极以数字普惠金融赋能乡村振兴，在忻州、长治、吕梁、大同、运城等市推广以活体牲畜作为抵押物的智慧畜牧贷款，推进养殖数据实时采集、动态监测，探索"生物活体抵押 + 保险 + 物联网监管 + 银行"的信贷模式；四川省深耕"三农"金融服务，全省组织开展金融服务乡村振兴"送码入户、一键贷款"专项活动；成都市邛崃市着力构建数字人民币应用生态圈，重点打造特色旅游民宿、商超农资服务点、村（社区）卫生诊所、特色农产品销售、公共缴费五大主题场景，全市已实现数字人民币在建制村全覆盖；内蒙古自治区开展金融服务乡村振兴专项行动，将全区 41 个特色农牧产业的 122 种农畜产品纳入专项行动项目库，加大对特色农牧业的金融支持力度；云南省持续提升金融服务乡村振兴质效，实施乡村振兴再贷款精准支持计划，支持特色乡镇建设，促进乡村一二三产业融合发展；福建省宁德市积极推进普惠金融改革试验区建设，选派金融干部到街道（乡镇）挂职，持续推动政策、资金、服务、科技、知识、人才"六下乡"，建成福建省首个农村生产要素流转融资平台，率先实现市、县两级农村生产要素的"确权登记、价值评估、融资抵押、流转处置"；重庆市加强对农业产业链的金融支持，在万州、涪陵、黔江等 7 个区县开展重点农业产业链金融链长制工作，围绕乡村振兴产业发展核心，引导金融机构建立"一企一策"帮扶机制，推出"乡村振兴贷"等专属信贷产品。另外，随着数字普惠金融的深入推进，金融服务覆盖面逐步扩大，尤其是县域和农村地区基础金融服务发展迅速。根据《中国普惠金融指标分析报告（2021 年）》的数据，截至 2021 年底，中国农村中小金融机构已基本全面覆盖农村边远地区，总资产已达到 45.69 万亿元，全国乡镇银行业金融机构覆盖率达 98.17%，基础金融服务行政村覆盖率达到 99.99%。农担体系对 160 个国家乡村振兴重点帮扶县实现业务全覆盖，对全国县域业务覆盖率超过 97%。全国助农取款服务点 81.10 万个，基本实现户户有银行结算账户、乡乡有 ATM 机、村村有 POS 机，以银行卡助农取款服务为主体的基础支付服务，在村级行政区覆盖率达 99.6%。

2.2　数字普惠金融在农村发展的机遇与挑战

发展数字普惠金融特别是农村地区的数字普惠金融，已经成为推进我国农业现代化、实现乡村振兴和共同富裕的重要路径。但值得关注的是，我国农村数字普惠金融的发展尚处于初级阶段，一些问题和不足开始逐步显现（星焱，2021）。例如，数字普惠金融虽然在农村快速发展起来，但农村地区的金融生态环境不完善导致了农民的金融素养普遍偏低，使得金融可得性受限。另外，农村地区的数字基础设施建设和电子支付业务使用的活跃度，仍然大幅落后于全国平均水平和城市地区水平，数字基础及数字技术应用仍然薄弱。当然，上述问题大多是我国农村金融领域长期以来悬而未决的痼疾，如农民金融素养偏低、数字使用技能有限，但数字普惠金融在农村的发展也衍生出了新问题，如农户隐私保护、数据泄露以及对农村金融监管的挑战等。

2.2.1　数字普惠金融在农村发展的机遇

（1）数字普惠金融与农业现代化。

农业强国是社会主义现代化强国的根基，推进农业现代化是实现高质量发展的必然要求。习近平总书记指出："没有农业农村现代化，社会主义现代化就是不全面的"[①]。当前和今后一个时期，是以中国式现代化全面推进强国建设、民族复兴伟业的关键时期。拓展现代化发展空间，农业农村是大有可为的广阔天地。加快农业现代化步伐，走产出高效、产品安全、资源节约、环境友好的现代农业发展道路，将为农业农村发展增动

[①] 农业农村现代化是建设农业强国的根基 [EB/OL]. 新华网，http://www.xinhuanet.com/politics/20230524/d6344dc20810408abfc95881a3a8e8ee/c.html，2023 – 05 – 24.

力、添活力，也将加快中国式现代化的建设进程。但农业部门内资本要素的匮乏不仅限制了农业现代化水平的提升，还制约了乡村振兴战略的实施（田杰，2020）。在数字经济发展背景下，农村数字普惠金融不仅可以利用数字技术克服传统农村金融交易成本高、信息不对称的痛点，还能极大地缓解农业部门融资难、融资贵的问题，推动农业发展，助力农业现代化、机械化与科技化的实现。

农业现代化的发展离不开金融的支持。由于农业具有资本需求量小、信用难收集和需求分散等特点，由此导致农业部门很难从传统金融机构获得服务。研究发现，在地理距离制约（何婧和李庆海，2019）和传统金融对农业部门排斥（李晓园和刘雨濛，2021）的情况下，信贷约束将成为阻碍农业现代化与机械化的主要原因。数字普惠金融的发展，打破了金融需求者与供给者的空间限制（张勋等，2019），精确地量化了小规模金融需求者的信用水平，降低了金融交易成本，优化了地区金融供给模式（彭澎和徐志刚，2021），为农业经济发展注入了资本要素，推动了农业的现代化、机械化和科技化水平，促进了农业经济高质量发展（张合林和王颜颜，2021）。同时，数字普惠金融还改变了传统金融的供给模式，提高了传统金融为农服务效率（田杰，2020）。可见，农业现代化的现实需求为农村数字普惠金融提供了发展机遇，而数字普惠金融也为农业现代化的实现提供了可靠支持。

（2）数字普惠金融与乡村振兴。

习近平总书记指出："推进中国式现代化，必须坚持不懈夯实农业基础，推进乡村全面振兴"①。党的二十届三中全会通过的《中共中央关于进一步全面深化改革、推进中国式现代化的决定》提出："运用'千万工程'经验，健全推动乡村全面振兴长效机制"。产业振兴是乡村振兴的重中之重，"千万工程"的一条重要经验就是坚持以业为基，发展农村特色

---

① 中共中央 国务院关于学习运用"千村示范、万村整治"工程经验有力有效推进乡村全面振兴的意见［EB/OL］. 新华社，https://www.gov.cn/zhengce/202402/content_6929935.htm，2024-02-03.

产业。在持续推进乡村产业振兴中，各地积极落实产业帮扶政策，做好"土特产"文章，依托农业农村特色资源，向开发农业多种功能、挖掘乡村多元价值要效益，向一二三产业融合发展要效益，强龙头、补链条、兴业态、树品牌，推动乡村产业全链条升级，增强市场竞争力和可持续发展能力。2021 年，农业农村部印发《关于拓展农业多种功能　促进乡村产业高质量发展的指导意见》，旨在做大做强农产品加工业、做精做优乡村休闲旅游业、做活做新农村电商，创造良好的发展环境，推动乡村产业高质量发展（翟怡璇，2024）。

　　乡村传统产业规模的扩大和新业态新模式的发展都离不开金融支持，但传统金融对农村产业兴旺的支持有限。大力发展数字普惠金融，可以优化乡村金融服务体系，提升服务质效，为乡村产业融合发展和规模扩大提供充足的资金支持。首先，数字普惠金融可以通过改善资源配置格局和催化信用体系完善，推动产业结构升级，促进产业兴旺。其次，数字普惠金融可以强化农村金融供给侧持续性改革，创新农村金融多样化服务，满足农村新业态产业的金融需求。例如，金融机构可以基于无感授信，通过创新推出"闪贷""安心贷"等金融产品，开发"村镇 + 农业企业 + 银行"等融资模式，为农户和农业合作服务组织提供足额、快捷、普惠的融资服务（田勇等，2024），解决农村产业发展融资难、融资贵的难题，从而带动农村产业发展规模的扩大，实现乡村产业兴旺和农民富裕。最后，金融服务对农村产业融合发展具有重要作用，数字普惠金融能够扩宽农业经营主体的金融服务获取渠道，进而促进农村产业融合发展。例如，中国农业银行打造的"惠农 e 贷"采取线上线下相结合的方式办理涉农贷款，"惠农 e 付"利用多种支付方式提供了方便快捷的基础金融服务，"惠农 e 商"为农业生产经营者提供了全流程的"电商 + 金融"服务（何宏庆，2020）；京东数字科技集团利用数字农贷、农村众筹、京东白条等产品，走全产业链和全产品链的农村金融战略路线，有效促进了新型农业经营主体的成长和壮大；河南省兰考县试点的综合数字金融服务平台"惠农通 App"和四川省成都市试点的农村金融保险综合服务平台"农贷通 App"，在增加农村金融服务供给、降低农村金融服务成本和有效防范农村金融风险等方面发挥了重要作用，有效推动了农村产业融合发展。以上说明，数字普惠金融与乡村产业振兴的需求是高度契合的，乡村振兴的需要，为数字普惠金融在农村的发展提供了机遇。

（3）数字普惠金融与共同富裕。

实现共同富裕是社会主义的本质要求。自党的十八大以来，以习近平同志为核心的党中央带领全体人民打赢脱贫攻坚战，全面建成小康社会，推进经济高质量发展，为实现共同富裕奠定了良好的基础。国家"十四五"规划纲要进一步擘画了"全体人民共同富裕取得更为明显的实质性进展"的伟大目标。实现共同富裕，最艰巨最繁重的任务仍然在农村，党的二十届三中全会审议通过的《中共中央关于进一步全面深化改革、推进中国式现代化的决定》提出："完善强农惠农富农支持制度。坚持农业农村优先发展，完善乡村振兴投入机制。"习近平总书记指出："要探索建立更加稳定的利益联结机制，让广大农民共享农村改革和发展成果。""如果在现代化进程中把农村 4 亿多人落下，到头来'一边是繁荣的城市、一边是凋敝的农村'，这不符合我们党的执政宗旨，也不符合社会主义的本质要求"。①

随着数字经济的迅速发展和普及，数字普惠金融成为推动经济增长、改善社会福利和促进创新创业的重要手段。学术界主要是从农民收入增长与城乡收入差距缩小的视角分析数字普惠金融对共同富裕的影响。研究表明，数字普惠金融不仅对农村家庭收入具有积极影响（ZOU et al.，2021），还可以缩减城乡居民之间的收入差距（LUO and LI，2022）。从全国层面来看，只有当覆盖广度和数字化程度发展到一定水平时，数字普惠金融才会对城乡居民收入差距产生明显的作用影响，而使用深度可以加强数字普惠金融对城乡居民收入差距的收敛效果（杨德勇等，2022）。同时，

---

① 朱隽，郁静娴. 总书记的人民情怀："让广大农民共享农村改革和发展成果" [EB/OL]. 人民日报，https：//www.gov.cn/yaowen/liebiao/202408/content_6967325.htm，2024 - 08 - 04.

数字普惠金融的增收减贫效应会随着经济发展水平和财政支出比重的提高而减小，随着城镇化水平的提高而增大。进一步的机制研究表明，数字普惠金融主要通过"收入结构优化效应"和"信贷配置优化效应"缩小城乡收入差距（宋科等，2022）。农户人力资本投资能强化数字普惠金融覆盖广度、使用深度和数字化程度对城乡收入差距的收敛效应，且对使用深度的强化效果最明显（徐光顺和冯林，2022）。数字普惠金融在农村经济社会发展、助力打赢脱贫攻坚战、补齐民生领域短板等方面发挥了积极作用，金融服务覆盖率、可得性、满意度不断提升。国家发展改革委和国家数据局 2023 年 12 月印发了《数字经济促进共同富裕实施方案》，明确了两个阶段性发展目标：至 2025 年，不断完善数字经济促进共同富裕的政策举措；到 2030 年，形成较为全面的数字经济促进共同富裕政策体系。以上为数字普惠金融在农村的发展带来了契机。

2.2.2　数字普惠金融在农村发展的挑战

（1）金融生态环境滞后。

金融生态环境是影响农村数字普惠金融发展的重要因素。金融生态环境包括：市场经济发展程度、社会信用体系、金融市场体系、法律环境、经济金融文化、行政干预等诸多方面（韩亚丽，2019）。长期以来，在城镇化工业化优先发展、东部沿海优先发展等政策安排下，我国农村地区特别是中西部农村地区的金融生态环境发展始终严重滞后于城市地区。近 15 年来，在"工农反哺""城乡反哺"等新型政策指引下，要素流动的市场化和逐利性逻辑并未发生根本性改变，资本、人力等要素资源仍然更多流向东部地区和城市地区。例如，2010～2018 年，金融机构对农村企业贷款新增额占新增贷款总额比重由 20% 左右逐步降至 10% 以下[①]；2010～2019 年，以常住人口计算的城镇化率由 50.0% 升至 60.6%，农民工总人数由

---

① 资料来源：Wind 数据库。

2.4 亿人增至 2.9 亿人（星焱，2021）。初步判断，在中国城镇化进入成熟阶段之前，资本和人力要素难以出现明显的"乡—城"逆向流动，城乡金融生态环境也难免继续分化。

从金融基础设施来看，近年来农村征信体系发展仍然滞后，现有数字征信的信息孤岛现象明显。目前，由人民银行运营和维护的国家金融信用信息基础数据库，已经发展成为全球规模最大、覆盖最广的征信系统。截至 2019 年底，该征信系统覆盖自然人超 10 亿人，企业约为 2600 万家。但是，在我国尚未被纳入征信信息的近 4 亿人口中，绝大多数集中在农村县域地区。如果用 5.5 亿农村常住人口与未纳入征信的 4 亿人口对照，则多数农村居民尚未被国家征信体系所覆盖。在此环境下，一方面，受信息不对称条件制约，金融机构可能不敢对未纳入征信系统的农户放贷，从而抑制数字普惠金融的作用效果。另一方面，不同金融机构或第三方服务供应商采集的征信信息较多为信息孤岛，相互之间缺乏共享机制，以上对数字普惠金融在农村的发展带来了挑战。

（2）数字技术基础薄弱。

一是农村地区的数字基础设施建设明显滞后于城市地区。在 2015 年，中国城市地区已经实现 4G 和光纤全覆盖，农村地区的 4G 网络基础设施建设大多是从 2015 年之后才开始进行。5G 网络铺设同样存在类似的情况。2019 年 6 月 6 日，工信部正式发放 4 张 5G 商用牌照，运营商开始在北京、武汉、大连、雄安新区等直辖市、省会城市、计划单列市、经济特区等 40 个地区铺设 5G 基站。目前，国内的一、二线城市的 5G 通讯系统建设已经取得了显著效果。例如，2024 年上半年，北京市新建 5G 基站 1.42 万个，累计建设 12.16 万个，每万人拥有 5G 基站 55 个，全国居首①。截至 2023 年 6 月底，重庆市每万人拥有 5G 基站数 24 个，累计建成 5G 行业虚拟专网 514 个，5G 发展保持在全国第一梯队②。相对而言，大

---

① 资料来源：北京市经济和信息化局主办的"上半年工业和信息软件业运营情况新闻发布会"。
② 资料来源：重庆市人民政府官网。

多数农村地区的 5G 网络铺设，可能要等到全国城市地区基本覆盖之后再"提上日程"。

二是我国农村地区的信息服务质量低。据工信部数据，截至 2019 年 7 月，中国行政村光纤和 4G 网络的通达比已经超过了 98%，提前完成国务院《数字乡村发展战略纲要》；同时，2015 年后工信部和财政部联合开展的电信网络普遍服务试点工作，基本实现城乡"同网同速"，累计服务的行政村超过 13 万个。但是调研中发现，很多接通 4G 和光纤网络的行政村网速并不快、信号覆盖效果差，部分农村尚未覆盖 4G 信号。根据民政部数据，我国约有 69 万个行政村、262 万个自然村，一个行政村通常由几个相邻的自然村组成。因此，即使某行政村的 4G 和光纤网络接通，但实际上可能仅仅有效覆盖了其中的一个自然村，其他自然村的覆盖效果并不理想。

三是农村地区的个人终端设备覆盖率低。根据国家统计局和中国互联网信息中心数据，截至 2019 年 6 月，中国城镇和农村地区的常住人口分别约为 8.5 亿人和 5.5 亿人，其中，城镇地区网民约 6.3 亿人，占常住人口比例约 74%，农村地区网民约 2.3 亿人，占比约为 40%。显然，当前农村网民占比明显低于城镇地区，并且这一占比差距仍有扩大趋势，尚未进入收敛阶段。从智能手机使用情况来看，据中国家庭金融调查数据测算，截至 2019 年 6 月，中国城市居民的智能手机覆盖率超过 90%，而农村居民智能手机覆盖率约为 40%，而且在越远离城市的农村地区，智能手机等个人终端设备覆盖率越低。此外，4G 信号质量、流量费用等交叉问题，也对农村地区的智能手机推广和数字普惠金融发展带来一定阻碍。

（3）金融监管面临挑战。

金融科技发展日新月异，快速提升了数字金融前端业务的创新水平。但在金融生态环境发展滞后的农村地区，如果消费者接触到的金融产品超出其理解范围和消费能力，风险隐患就会进一步放大。焦瑾璞（2014）指出，目前数字普惠金融发展还面临着诸多问题，还没有制定总体的发展战略和顶层设计，也没有建立起相关的组织和领导机构，推动数字普惠金融的职能相对松散，缺少健全的体制、法制和沟通机制。而且，由于缺乏一种适应中国实际情况的特殊统计方法，现有的财政统计系统也没有为数字普惠金融设立专门的统计，相关的数据分布在各个行业，但各行业的数据共享与协作不足，信息的获取能力也比较薄弱，难以进行有效的集成。许英杰和石颖（2014）也认为我国普惠金融的发展具有风险性，因为目前我国关于普惠金融的监管法律体系不够健全，会使普惠金融市场出现监管不当的现象，再加之普惠金融的参与主体较多，而且多数是弱势群体，必须加强风险防范。特别是农村普惠金融市场，当前信息高度不完善，信贷主体缺少贷款质押物，导致农村地区的普惠金融机构业务成本较高，再加之农村地区贷款制度体系缺乏全面的保障，可能将导致农村地区的普惠金融风险持续增加（高彦彬，2014）。但广大农村居民甚至监管部门自身仍难以及时适应数字普惠金融的创新发展和快速应对潜在风险。具体来看，一是部分互联网金融机构打着发展数字普惠金融的旗号，却行违法非法业务之实，对经济社会稳定造成危害。截至 2018 年，国内网络诈骗黑色产业链渐呈产业化、隐蔽化趋势，从业人员达 150 万人，市场规模超千亿级①。与之对应，金融欺诈也呈现出专业化、产业化、隐蔽化、场景化等新特点。这对县域地区的金融监管者如何鉴别农村数字普惠金融真伪带来了极大挑战。二是在民间互联网金融的野蛮发展中，多数服务商的底层技术落后，缺乏可持续的核心竞争力，它们仅是依靠"网络爬虫"获取所谓"大数据"，简单模仿银行信贷或助贷，经营风险和市场风险隐患大。三是金融消费者的数据信息和隐私保护，给中国数字普惠金融发展带来重大挑战。纵观世界各大发达经济体，大多已经出台了金融立法来加强消费者隐私保护。对此，中国的业界和学界虽有探讨，但并未有相关法律法规制定（胡滨和程雪军，2020），受认知水平等因素影响，中国农村地区更是对隐

---

① 警惕数字金融欺诈新套路 ［EB/OL］. 光明日报，https：//news. cctv. com/2018/09/07/ARTIyvH1MsydOE36nid10mVk180907. shtml, 2018 – 09 – 07.

私保护等问题"尚未觉醒"。此外，目前国内科技监管建设起步不久，主要精力集中于城市地区传统业务的系统升级和监管创新，金融监管部门对农村地区的监管覆盖仍然较弱，有针对性的监管科技能力建设滞后，农村数字普惠金融的潜在风险不容忽视。

2.2.3　数字普惠金融在农村应对挑战的建议

（1）加快农村数字基础设施建设，填补城乡普惠金融"数字鸿沟"。

在城乡融合发展背景下，中央财政、地方财政和基础电信企业，应加大对农村地区的数字基础设施建设投入。统筹推动城乡信息化融合发展，通过缩小城乡之间的数字基础设施差距，填补普惠金融发展的"数字鸿沟"。进一步支持偏远农村地区的光纤建设和网络覆盖，及时做好设备更新，确保网络信号质量。做好农村地区 5G 网络建设规划并尽快启动，确保广大农村中低收入人群可以享用低成本、高质量的网络信息服务。加大关注农村居民的智能手机覆盖面积和使用深度，可考虑适时对部分偏远地区农村居民发放智能手机，并定期进行操作指导，逐步消除终端设备的使用障碍。

（2）持续改善农村地区的金融环境，填补城乡数字普惠金融"生态鸿沟"。

持续加强农村地区的征信体系和共享机制建设，加快实现互联互通的全征信体系。可由人民银行地方支行牵头搭建征信信息共享平台，鼓励具有资质的金融机构和互联网第三方机构彼此之间实现信息共享，进而让金融服务供给方获得更多的有效信息，提升数字普惠金融的覆盖范围和服务效率。建立适用农村地区金融消费特征的失信"黑名单"制度，对失信人群给予相应惩戒，共同应对化解信用风险。

（3）加强农村数字普惠金融行业监管，提升农村金融消费者权益保护水平。

强化地方金融局与"一行两局"的监管协调，建立农村数字普惠金融的监管指标体系，提高监管质量和服务效能。创新针对县域和农村地区的科技监管工具，合理利用大数据、云计算等信息技术替代人工核查，增强风险研判能力，扩大监管视野。借鉴境外先进经验，加快引入"监管沙盒"机制，将风险难以预测的数字普惠金融产品置入沙盒之中测试评估。对于在农村地区顶着"数字普惠金融帽子"，行网络金融诈骗、非法集资之实的不法行为施以重拳，制定严格、可操作的处罚细则。要求各类农村数字普惠金融服务供应商加强对员工的职业道德培训，防范信息盗用、数据泄露和"监守自盗"等安全事件发生。

2.3 数字普惠金融在农村的应用与案例

2.3.1 数字普惠金融在农业供应链中的应用

近年来，随着我国乡村振兴战略和数字乡村计划的实施，尤其是以大数据、云计算、人工智能等为代表的数字金融与传统金融的融合发展，使农村金融市场的发展呈现出全新的"数字"面貌。数字普惠金融在农业供应链中的应用是多种金融科技的综合运用，但为更全面地分析数字普惠金融在农业供应链中的具体应用，下文将分别阐述大数据与云计算、区块链、物联网、人工智能在农业供应链金融中的应用。

（1）大数据与云计算在农业供应链金融中的应用。

相对于传统农业供应链金融仅依靠会计报表进行企业的风险评估，大数据和云计算在农业供应链金融中的综合运用，不仅能准确识别有效信息，通过模型和机器算法使结论量化、精准，还能更加准确地预测链内企业的发展前景，更具全面性和客观性。从技术原理方面看，大数据和云计算技术既能将农业供应链内发生的经济活动绘制出详细的数据图谱，又能直接用数据语言对农业供应链内企业进行可穿透式管理，从而在解决信息管理不对称问题的同时，弥补了传统管理中的技术短板。在实际应用方面，苏宁易购基于数以亿计的交易数据，依托云计算技术与传统金融机构开展合作，将农业供应链的龙头企业作为信息的担保方或提供方，为链内经销商、代理商及农户提供金融服务；新希望金服则依托新希望集团的数据储备建立了大数据风险管理模型，从客户准入、贷前审核、贷中监控和贷后管理等方面实现全面智能化管理，为客户提供纯信用、免担保的"好养贷"产品，同时，在客户使用过程中，新希望金服还不断积累客户的生产信息和信贷信息等，完善数据库，不断升级迭代风险管理模型。

在当今的数字时代，数据已经成为一种新的生产要素，但大数据、云计算技术应用于农业供应链金融仍面临不少难题。一是数据共享难。在农业供应链上，银行可以根据核心企业与上下游企业之间签订的真实订单和应收账款等交易单据对链内提供质押、贷款等金融服务。然而，由于我国在数据保护方面的法律法规还不完善，企业普遍担心银行或其他金融机构可能将企业的重要数据出售给竞争对手或第三方，从而导致该企业的市场竞争力被削弱，损害企业利益。在这种情形下，企业不愿意与银行等金融机构共享数据，这也是当前农业供应链金融利用大数据面临的一大难题。二是数据质量没有保障。由于农业供应链上各成员企业开展的业务较多、涉及面较广，很难对信息进行标准化、规范化的公开披露，导致金融机构获得的企业数据质量较低。此外，银行还担心核心企业与供应商、经销商达成骗贷共识，从而篡改 ERP 系统中真实的交易信息，这种行为无形中会增加银行风险，也不利于整个农业供应链的稳定。

（2）区块链技术在农业供应链金融中的应用。

从技术原理方面看，区块链是赋能农业供应链金融发展的有力工具。一是区块链能有效降低票据真实性风险。在"区块链＋农业供应链金融"模式下，只要产生了交易，其业务信息就会被分别记录到相关的主体账户中，同时农业供应链内的信息传输不会失真，使得作假行为几乎不可能发生。二是区块链有助于提高农业供应链内企业的互信水平。在"区块链＋农业供应链金融"模式下，各家企业可以利用智能合约来提高信用约定的执行力，交易双方只要有一方履行了合同上载明的责任和义务，系统会自动强制另一方履行合约，从而避免信用欺诈的发生。三是区块链有助于提高农业供应链金融的运行效率。通过营造丰富的区块链应用场景，农业供应链内各个参与主体将能获得真实有效的经济活动数据，实现在农业供应链内部完成资金的交易和业务的交割，从而提高交易的精度和效率。在实践中，新希望慧农（天津）科技有限公司通过应用区块链技术，建立了更加规范的农业供应链业务模型，提升了农业供应链系统平台的开放度，实现了全流程的风险控制，有效地规避了人为造假和投机行为。河南天香面业有限公司基于物联网和区块链前沿科技的应用，将产业链深度融合应用场景作为切入点，打造了国内首个"区块链 + 金融服务 + 粮食"平台——优粮优信。该平台可生成标准电子仓单，具备智能合约应用、多方账本共享、业务数据存证和粮食质量溯源等功能，可以实现风险管理、资产监管及数字资产的可视化，整个过程公开透明，反担保措施简单有效。

尽管区块链技术与农业供应链金融的结合给金融市场带来了前所未有的变革，但其大规模应用还需解决两大挑战：一是农业供应链金融各参与主体争相借助区块链技术搭建属于自身的供应链信息管理系统，造成传统供应链金融市场的信息碎片化，而技术壁垒的存在又使得跨链数据难以互通，形成了新的信息孤岛；二是实践中往往缺少既懂区块链技术又熟悉农业供应链金融运营的复合型人才。

（3）物联网在农业供应链金融中的应用。

从技术原理方面来看，基于物联网技术的农业供应链管理系统，可使供应链内的企业商品在任何时间、任何地点都被实时监控，实现从土壤养护到温室栽培、从加工包装到冷链配送、从在线销售到独立订购、从农民组织到农业一体化的发展，从而大大提升了农业供应链管理的效率与灵活性，优化企业的资源配置，有效减少物资非法转移活动，进而大幅降低农业供应链的融资风险。实践中，北京农信互联科技有限公司做出了有益尝试，该公司隶属于大北农集团，依托大北农集团的资源优势，综合利用互联网、物联网、云计算、大数据等多种技术，探索形成了包含"农业大数据、农业交易、农村金融服务"在内的农业供应链金融新模式。在这种模式下,运营中心可根据物联网记录的养殖户生产经营环节的大数据、在线销售生猪情况的大数据等在线生成信用分,并基于此筛选潜在贷款客户。

物联网应用于农业供应链仍然面临很多困难:一是物联网的投入巨大,仅依靠核心企业的资金实力和技术水平不足以支撑"物联网 + 农业供应链金融"模式的规模化发展;二是现阶段大量农户仍以传统销售方式为主,线上信息沉淀较少,数字足迹较为缺乏;三是农业供应链各参与主体协同发展意识薄弱,孤岛问题严重,物流、资金流和信息流不能有效畅通和共享。

(4) 人工智能在农业供应链金融中的应用。

从技术原理方面来看,物联网、大数据及云计算等技术的广泛应用是人工智能在农业供应链金融领域发挥作用的基础。"人工智能 + 物联网 + 大数据 + 云计算 + 农业供应链"有可能形成一种具备自主学习能力的农业供应链,从而让农业供应链能够进行自我管理。在这种多技术叠加的农业供应链金融模式下,放置在农业供应链各环节的激光扫描仪或传感器会自动收集相关主体的各类信息,并持续地将各种数据传输到云端服务器,最终这些数据交由人工智能进行分析和处理,为金融机构寻找贷款人、提供贷款、控制放贷风险提供依据。2019 年,美国 Taulia 公司基于人工智能技术推出了一款适用于供应链金融的现金预测工具。随着更多的数据被处理和分析,该工具可以在不断积累的过程中有效识别未经批准的发票和采购订单的风险,从而实现更多的农产品装运和采购订单融资。

尽管人工智能在农业供应链金融领域具有十分广阔的应用前景,但迄今为止,我国鲜有比较成功的应用案例,与此同时,将人工智能技术成熟运用于农业供应链金融仍面临不少挑战。一是农业供应链金融涉及的环节多、周期长、内耗严重,而当前人工智能技术本身也不够成熟,短时间内仍无法解决农业供应链金融的这些问题;二是在将机器学习等人工智能技术运用于农业供应链金融数据之前,作为其中核心节点的企业必须首先收集足够多的数据,而要从成百上千家的农户、分销商、经销商和零售商等处获取完整的数据还有较大的困难；三是我国农产品供应链物流基础设施仍较为落后，缺乏标准化体系，操作流程不规范，标准也不统一，造成供应链整体的信息化程度不高，经常出现信息失真现象，影响人工智能技术的落地应用。

2.3.2　数字普惠金融助力乡村振兴的案例

2018 年 8 月 20 日，农业农村部和浙江省共同签署了部省共建乡村振兴示范省合作协议，自此，浙江省成为全国唯一的部省共建乡村振兴示范省。2020 年 3 月底，习近平总书记赋予了浙江省"重要窗口"的重要地位和全新使命①。浙江省在乡村振兴的战略背景下，牢固树立"两山理念"，持续推进"千万"工程，全面深化各项改革，努力将浙江建设成乡村振兴的先行区，为中国美丽乡村提供浙江范本。浙江省是我国率先完成脱贫攻坚任务的省份②，2020 年，其城乡收入比仅为 1.96，在全国属于领先水平，浙江省已成为农民生活最优、城乡融合度最高的省份之一，也是全国农业现代化进程最快、乡村经济发展最活、乡村环境最美、区域协调发展最好的省份之一。此外，浙江省金融服务的包容性与高收入的国家和地区相当，多项数字普惠金融指标接近高收入国家和地区水平，主要金融机构的网上银行、手机银行和第三方支付的渗透率、满意度和使用率较高，在普惠金融发展方面处于全国领先地位。此部分将重点分析浙江省农村信用联社和农商银行以数字普惠金融助力乡村振兴的案例，为全国范围内借助数字普惠金融实现乡村振兴提供借鉴参考。

浙江省农村信用社联合社（以下简称"浙江农信"）始终坚持"姓农、姓小、姓土"的定位，主动承担地方金融排头兵、农村金融主力军、

---

① 如何建设"中国之治"的"重要窗口"？浙江这项决议说清了 [EB/OL]. 人民网，http：//unn. people. com. cn/n1/2020/0703/c14717 – 31769543. html，2020 – 07 – 03.

② 浙江在全国率先完成脱贫攻坚任务 [EB/OL]. 新华网，http：//www. xinhuanet. com/politics/2016 – 01/25/c_128664728. htm，2016 – 01 – 25.

普惠金融引领者的使命担当，努力成为"做业务最实、与民企最亲、离百姓最近"的银行，在助力乡村振兴方面作出了积极贡献。截至 2020 年末，浙江农信累计投放乡村振兴领域贷款 5013 亿元，用三年时间提前完成"五年新增 5000 亿元贷款"的目标。其中，普惠金融惠民成效更加突出，涉农贷款余额 1.25 万亿元，是 2015 年的 1.89 倍，占全省份额的26.76%；农户贷款余额 0.88 万亿元，是 2015 年末的 2.29 倍，占全省份额的 47.50%；小微企业贷款余额 1.16 万亿元，是 2015 年末的 1.92 倍，占全省份额的 24.74%。2020 年，浙江农信承担了全省 1/2 的农户贷款、1/4 的民营小微企业贷款、3/4 的农民专业合作社贷款以及大部分低收入农户贷款。[①] 另外，浙江农信积极构建"基础金融不出村、综合金融不出镇"的服务体系，通过创新"小微续贷通""普惠快车""小微专车""企业直通车"等产品和服务，在帮助民营小微企业减负降本、破解融资难和融资贵等方面取得了较好的成效。以数字化转型和大零售转型持续完善渠道、产品和服务网络，以实际行动体现农村金融主力军的担当。为农户提供无保证、无抵押的纯信用贷款，破解了信用评定难、群众贷款难、金融普及难等问题，在极大程度上满足了农村地区对金融的需求。

（1）实施小微金融工程计划，赋能小微企业发展。

乡村小微企业是实现农村经济增长、农民增收的重要力量。当前，我国的宏观经济环境复杂多变，加上产业结构的不断调整，小微企业在获得发展机遇的同时，也需要应对各种风险和挑战。在此背景下，浙江农信加快创新步伐，结合不同金融服务的特点，通过多种方式尽可能地满足小微企业多样化的金融需求，助力小微企业苗壮成长。早在 2015 年，浙江农信就开始实施"助力小微企业三年发展计划"，并在结束后明确了滚动实施该计划的政策，并创新性地推出"一次授信、循环使用、随借随还"的"小微速贷"信贷产品服务，在此基础上进一步运用互联网、大数据、决策引擎、机器学习建模等新一代信息技术，实现客户"在线申请、在线签

---

① 　资料来源：调研对象提供数据。

约、在线放款",持续满足小微企业"短、频、快"的多元化流动资金需求,缓解了小微企业贷款压力,降低了小微企业融资成本。截至 2021 年 8 月,浙江农信"小微速贷"贷款户数 58631 户,贷款余额 773.62 亿元,贷款余额同比增幅 83.73%;"小微易贷"贷款户数 24561 户,贷款余额 142.99 亿元,贷款余额同比增幅 314.18%。[①]

贷款手续烦琐也是制约小微企业获得金融服务的一大难题。为了解决该问题,浙江农信进行了数字化改革,优化了各种贷款的业务流程。在改革之前,贷款人需要近 10 种纸质资料、40 张表单和 15 次签字才能获得贷款,而现在仅需要 4 条验证短信、3 次刷脸、2 次线上签名和 1 次线上表单填写就可以完成,大大降低了小微企业的办贷难度,办贷时间也从 90 分钟缩短为 30 分钟,给予了小微企业极大的方便。而且通过数字化转型,各部门之间的信息也可以实现整合,系统也可以更加便捷地判断客户是否符合借贷条件,进一步优化了小微企业的贷款审批流程。在数字化改革的推动下,浙江农信可以借助"大数据"挖掘小微企业的"小信用",以"数据跑"代替了"客户跑",在满足小微企业"短平快"的资金需求方面具有重要意义。此外,浙江农信还相继推出了"小微贷阳光码""小微信用贷""税银贷"等信用贷款产品以及"无还本续贷"等一系列金融产品,借助人工智能和大数据的发展,浙江农信得以充分利用贷方在互联网上的借贷信息,简化了信用审查流程,缩短了信息审查的时间,可以很好地满足"贷款期限短、贷款额低、贷款频率高、贷款及时性强"的微型企业融资需求。特别是 2020 年以来,浙江农信持续加大普惠小微信用贷款投放力度,积极提升中小微企业信用贷款占比,通过"一企一策"落实帮扶、"首贷拓展"等手段,以数字普惠金融助力小微企业发展。

(2) 金融支持产业发展,激发乡村产业新活力。

实现乡村振兴和农业现代化必然要有繁荣的乡村产业作为支撑。浙江农信作为浙江农村主要的金融机构,积极扶持当地乡村特色致富产业的发

---

① 资料来源:调研对象提供数据。

展。例如，浙江农信积极挖掘乡村特色旅游资源，以优质的金融服务助力乡村旅游业的发展。针对乡村旅游资金短缺的问题，浙江农信创新性地推出了"农户小额普惠贷款""信用贷""民宿贷"和"助农贷"等特色产品，让资金可以直达乡村旅游。针对农村旅游有效担保缺失问题，浙江农信通过公益林补偿收益权质押贷款、民宿经营权抵押等方式，有效满足了乡村旅游对融资的需求。另外，浙江农信通过旅游产业上下游的价值关联，不断完善金融配套设施，持续改善支付结算环境，优化融合现金、手机银行、POS 机、普惠金融服务点、扫码收单支付、"丰收一码通"等多位一体的支付结算体系，同时结合"丰收互联"App 提供线上商超、扫码点餐、"智慧停车"无感支付等服务场景，不断提高乡村旅游服务质效，提升乡村旅游消费体验。

但是，要想发展好乡村旅游，仅靠金融机构是远远不够的。浙江农信还积极与政府、经营主体对接，通过构建金融信息库以及定期开展旅游项目推介会等方式，在金融机构、政府以及经营主体间构筑起信息桥梁，解决了多方主体信息不对称的难题。此外，乡村旅游通常分布较散，缺乏高素质人才队伍的支持，要想发展好乡村旅游，必须打破人才"瓶颈"。针对该问题，浙江农信推出了"乡村振兴人才普惠贷""乡村振兴农业生产经营人才贷"等五大产品，吸引了不少农旅服务、农村电商等领域的人才。杭州市委人才办与杭州农信联合发布了杭州市乡村振兴人才银行"春雨计划"，成立杭州市"乡村振兴人才银行"。截至 2021 年底，实现了杭州市委人才办认定的乡村人才金融服务授信 100% 覆盖。

另外，浙江农信还积极支持乡村产业链发展，扶持好乡村龙头企业，将上下游企业与龙头企业的发展连接起来，激活农村产业集群，为各类涉农主体在获取贷款上提供便利。例如，浙江省衢州市全面推行养猪生态化，以养猪为中心，打造了一条包含"猪粪收集 + 沼气发电 + 有机肥生产 + 种植养殖利用"的县域大循环、"规模养殖场 + 农村沼气 + 农业园区"的区域中循环以及种养规模匹配、排泄物就地消化的生态农业小循环在内的循环产业链。2018 年，衢州市的生猪养殖产业链被认定为省级生猪示范产业链。在相关政策的支持下，衢州市的生猪养殖迅速发展起来，由于产业发展需要大量资金的支持，且生猪养殖主体分布较散、经营规模较小、大多缺乏合适的抵押物和征信信息，导致融资困难，资金短缺严重制约了当地生猪养殖业的发展壮大。龙游农商银行作为浙江省银保监局全省指定生物活体资产抵押贷款试点单位，为了推进生猪、禽类等养殖产业更加规模化、集中化，龙游农商银行根据生猪养殖户资金需求大、可抵押资产少、生猪时刻变化的特点，利用生猪数据和区块链技术全方位梳理贷前、贷中、贷后信贷流程，推进了"银保合作生物活体资产抵押贷款"模式，盘活了农业生物资产，有效解决畜牧业企业贷款难问题。与此同时，龙游农商银行与畜牧局、中国人保签订了《推进生物活体资产抵押贷款合作协议》，建立了"生物活体资产＋保险"模式，分散贷款风险，进一步加大金融支农惠农工作力度，拓宽了"三农"融资抵押担保物范围，为畜牧业繁荣发展提供了坚实的金融保障。

（3）发展供应链金融，为实体经济发展赋能。

乡村产业的兴旺需要一批创新能力强、绿色底色足、安全可控制的农业全产业链提供支撑。农业产业链的培育发展，则需要畅通产业的资金链。以往乡村产业的发展更多地从财政涉农资金、地方专项债券等渠道来获取资金，当然也会有少量社会资金参与其中。但要想发展壮大农村产业，仅仅依靠这些资金是远远不够的，还需要引导金融机构提供产业链信贷服务，发展农业供应链金融。为了更好地带动乡村产业发展，浙江农信持续跟进当地龙头企业及其上下游的农民合作社、家庭农场和个体农户，并积极与科研、互联网、品牌创意机构互通，有效将金融产品和服务嵌入农业供应链体系中。

浙江农信积极发展农业供应链金融，在金融机构与核心企业之间探索"核心企业（平台）＋协同企业＋链网式金融"的服务模式，推动形成更加稳固的"核心企业＋战略合作伙伴"链网，努力将服务渗透到产业链生态圈的各个角落。为了更好地发展农业供应链金融，浙江农信牵手浙农集团和杭州联合银行，积极探寻农业供应链金融的最佳方式。浙农集团股份有限公司（以下简称"浙农集团"）始创于 1932 年，有近 1000 亿元的销售规模，主要涵盖化肥、农药、农膜等农资业务，在购销农资上与大量的小微农业企业以及农户建立了联系，非常了解中小企业和农户的经营状况、信用能力和偿还能力。通过与浙农集团合作，浙江农信可以较为便捷地获取涉农主体的资信状况，并据此设立白名单，有效解决了部分涉农主体征信信息不全的难题。首款农业供应链金融产品——"e 农贷"，正是供应链金融发展的结晶。截至 2021 年 8 月，浙江农信供应链金融服务核心企业 135 家，较年初增加 41 家，服务上下游客户 715 户，较年初增加 174 户，合同签约金额 4.89 亿元，较年初增长 53.78%，贷款余额 3.83 亿元，供应链贷款余额增幅 63.27%。①

　　近年来，整个银行业都在探索数字化改革与转型。浙江农信和农商银行作为服务当地农村的重要金融机构，也深入贯彻"互联网＋普惠金融"的路径，不断在业务模式、信贷产品以及服务渠道等方面进行数字化改革和创新，大大提高了金融服务乡村建设的能力，在助力乡村振兴方面作出了积极贡献。

---

① 资料来源：调研对象提供数据。

第 3 章

农村数字普惠金融的模式分析

本章在理论分析的基础上，立足于中国农村语境下的金融实践，从金融机构视角出发，探究并总结了传统农商银行与互联网银行在农村开展数字普惠金融的模式，并分析了模式背后的底层逻辑、运行机制和特点。本书认为，传统农商银行开展的农村数字普惠金融是基于"社会网"的社会逻辑，并形成了"特色数据＋精细化"特点的发展模式，而互联网银行在农村开展的数字普惠金融是基于"互联网"的技术逻辑，并形成了"大数据＋规模化"特点的发展模式，基于此，两类银行在农村金融中的数字化应用以及对"普""惠"金融的侧重是不同的。本书最后从金融机构及政府的角度提出数字普惠金融在中国农村推广与应用的政策建议。

3.1 提 出 问 题

随着数字经济的发展，数据被逐渐运用到农村金融领域，成为解决金融机构与农户信息对称的有力工具，在 2021 年的中央一号文件中，我国首次提出了"发展农村数字普惠金融"，以数字化力量助力农村金融发展。但农村特殊的社会环境、农业生产特点以及农户的个性特征，都决定了金融机构在农村开展的数字金融要充分考虑农村、农业、农民的实际情况，并在遵循农村业务逻辑的前提下，发展适合农村的数字普惠金融。银行机构作为农村金融体系的正规军，在推进农村数字普惠金融过程中起到关键作用，其中以传统农商银行和新兴的互联网银行为典型代表。农村商业银行作为农村金融市场化改革后的主力军，一直深耕农村，善于将多年积累的田野经验与数字化相结合；而互联网银行作为农村金融的新兴力量，在大数据应用方面具有先天优势，在农村金融中的数字链接能力更强。一个是在农村"社会网"中沉淀多年；另一个是在互联网领域积累多年，那么，这两类银行是如何结合农村特点和自身优势发展数字金融，背后的理论机制是什么？又做出了哪些实践？实践是否可以总结成具有普适意义的模式？对于此类问题的研究，将对推进数字普惠金融以适合中国农村特点的方式推广与应用，打造不同银行在农村数字金融领域的差异化服务，健全农村普惠金融体系具有重要的现实意义。

近年来，随着互联网科技和大数据在农村领域的应用，数字金融被视为解决农户融资问题的变革性方式（Björkegren and Grissen，2018），相关研究主要沿着两个方向展开：首先，是农村数字金融的影响因素。刘俊杰等（2020）考察了农村电商发展对农户数字信贷行为的影响，温涛等（2016）指出农村信贷市场中的"精英俘获"行为将扭曲农村普惠金融的发展，栗芳和方蕾（2016）认为中国农村信贷供给中的物理排斥是影响农村互联网金融排斥的重要因素，还有一部分学者则研究了金融知识对农村数字金融发展的影响（张龙耀等，2021；郭妍等，2020；尹志超和仇化，2019）；其次，是农村数字金融产生的影响。孙学涛等（2022）运用 SARAR 模型分析了数字普惠金融对农业机械化的影响，并探讨了数字普惠金融的作用机制，黄红光等（2018）也指出金融排斥不仅会直接抑制农业经济发展，还会通过农业科技投入间接影响农业经济发展，李晓园和刘雨濛（2021）的研究表明数字普惠金融对农村农民创业具有显著的正面影响，田鸽和张勋（2022）、加格尔和格雷格（Gaggl and Greg，2017）则探讨了数字经济和信息技术在推动农村劳动力非农就业方面的影响，另外还有很多学者研究了数字普惠金融在促进农民增收，改善城乡收入分配方面的影响（张勋等，2019；李建军等，2020；Burgess and Pande，2005；

Kapoor，2014）。

以上文献从农村数字金融的影响因素和影响结果两方面进行了研究和论述，为深入理解农村数字金融提供了丰富而深刻的见解，但遗憾之处在于：少有学者对数字普惠金融在中国农村运行的逻辑机制进行辨析，也鲜有学者从金融机构的视角出发，比较传统银行与互联网银行在农村开展数字普惠金融的异同，而对于此类问题的研究既关系到数字普惠金融在农村的差异化推广应用，也对我们深入理解农村数字普惠金融的运转机制和效果至关重要，然而现有文献却语焉不详。值得一提的是，罗兴等（2018）通过案例研究对农村互联网信贷的背后逻辑进行了论证，为本书研究提供了良好的参考和借鉴，但其研究主要集中在互联网信贷的运行逻辑上，并没有区分不同类型银行在农村金融中的差异化运行逻辑、机制和特点，也没有强调数字在普惠金融中的作用。有鉴于此，本书将紧扣数字普惠金融的立意，基于背后的理论机制，立足中国农村实践，总结传统农商银行与互联网银行在农村开展数字普惠金融的模式，并通过案例对模式的底层逻辑、机制与特点予以具象化，同时分析两类银行在农村金融中的数字化应用以及对"普""惠"金融的侧重，并从金融机构及政府角度提出推进数字普惠金融在我国农村发展的政策建议。

本章的边际贡献在于：第一，从金融机构视角出发，原创性地总结了传统农商银行与互联网银行的农村数字普惠金融模式，并对比分析了两类银行模式背后不同的实践逻辑、机制与特点，对于这两类银行的研究，将对发挥农村金融机构主体特色，打造差异化数字普惠金融服务具有重要意义；第二，在理论分析的基础上，立足中国农村语境下的金融实践，以典型案例为支撑，通过模式的探究对农村数字普惠金融的运行逻辑、机制与特点予以具象化，使得研究结论具有符合农村特点和农村实际的指导意义；第三，秉承数字普惠金融的立意，不仅探究模式的运行逻辑和机制，同时聚焦于模式中数据在农村金融中的应用以及模式对"普""惠"金融的侧重，侧面分析了农村数字普惠金融的效果，为洞察农村数字金融的普惠效应研究抛砖引玉，为农村金融政策的制定提供一定的决策参考。

3.2　理 论 机 制

　　"三农"领域"融资难、融资贵"的核心原因在于金融机构向农村借款人提供信贷服务时面临的信息不对称和契约执行困境,包括由于信息不对称导致的逆向选择和道德风险倾向,以及契约签订和执行过程中产生的人员成本、技术成本及管理成本等。数字普惠金融在农村地区的顺利开展,有赖于其能否利用数据和信息技术解决农村信贷中的信息对称和契约执行问题。传统农商银行在农村线下沉淀多年,拥有显著的"社会网"优势,互联网银行在互联网领域积累多年,更擅长数据和数字技术的应用,两者在农村开展的数字普惠金融模式背后的理论机制略有差异,传统农商银行更侧重于对线下"社会网"的应用,互联网银行更倾向于对线上互联网技术的应用,但两者在农村开展的数字普惠金融业务都离不开"社会网"和"互联网"的有机结合。接下来,本书将从信息对称和契约执行两方面分别探讨"社会网""互联网""社会网 + 互联网"下农村数字普惠金融模式背后的理论机制。

3.2.1　"社会网"下的信息对称和契约执行

　　在农村金融市场上,农村主体由于缺乏抵押品、征信数据、财务报表等显性信息,传统金融机构往往更倾向采用基于"软信息"的关系型借贷技术。在关系型借贷中,对于社会关系的运用将直接影响信息的获取和契约的执行。农村的社会关系网络是指农村群体在社会经济活动中产生的各种关系,包括村民群体之间、村民与金融机构、村民与政府、金融机构与政府间的关系,而"社会网"的作用机制则是通过社会关系网络获取信息实现信息对称,并通过社会关系网的约束保障契约的执行。

（1）"社会网"下的信息对称。

农村社会网络下储存了大量的农村主体信息，但大部分信息没有以数据的形式显性记录下来，而是以"软信息"的形式存在于农村各类主体的生活、生产中。对于这类信息的获取和处理，往往需要信贷员主动介入农村社会关系网中，与之长期互动，实现信息获取，辅助信贷关系确立。而信贷关系一旦嵌入农村社会网络中，将不再是单纯的金融借贷关系，而是会成为社会关系的一种，并在农村这个社会网络中与其他社会关系产生链接与互动。通过关系互动，金融机构将获取农村借款人的全面信息，即使无法直接获取，也可以通过社会关系网的链接属性，间接获取借款人的有效信息。因此，借助农村的社会关系网，将借贷关系嵌入社会关系中，会提高借款人与贷款人之间的信息对称度。

（2）"社会网"下的契约执行。

信贷关系嵌入社会关系中，会促使农村借款人与机构放贷人之间形成多重关系，而这种多重关系将为信贷关系提供一种专属的社会资本（罗兴等，2018），增加借款人的交易机会并降低信贷成本，一旦借款人脱离上述社会关系，信贷优势将不复存在。但当借款人发生违约时，其违约信息也会基于社会关系网进行快速传播，借款人会遭到社会网络群体的驱逐和排斥，从而导致借款人失去基于"社会网"的信贷优势，甚至因此丧失社会资本和社会声誉，增加由于社会保障不足造成的自然和社会风险（仇童伟和罗必良，2022），社会关系会为信贷关系提供一种非正式的约束，从而保障了信贷契约的执行。且中国的传统村落是根据血缘和自然条件自发形成的，在这种环境下，村民拥有共同的规则秩序和信任关系（费孝通，2016），因此在农村这样的社会中，信用关系具有明显的内敛性，相较于外部群体的违约，农村内部主体的违约面临更大的社会成本（史晋川和王婷，2012），社会网络的约束机制也将发挥更大的作用。

3.2.2 "互联网"下的信息对称和契约执行

随着农村地区开放度的提高，以及互联网技术在农村的普及，原先基于"软信息"的关系型贷款的主导地位逐渐发生了改变。当前，信息技术正改变着农村信贷信息的获取方式和契约执行的机制，"互联网"下的农村信贷模式利用线上社交网络、电子商务平台等互联网商业模式收集积累农村信贷信息，并借助人工智能、大数据、云计算等互联网技术促进信息的传递和契约的执行。

（1）"互联网"下的信息对称。

农村各类主体的生产、生活信息越来越多地在网络上被实时记录下来，如农户通过手机、电脑等智能终端使用网上银行、支付平台、社交平台、购物平台等进行生活社交和生产交易，并在平台上沉淀了大量信息数据，极大地增加了借款人和贷款人之间的信息对称度。在此基础上，金融机构利用信息技术对各类农村上网群体进行全流程的实时动态监测，提高了信息的时效性、连续性和标准化。另外，信息技术的发展也使信贷数据获取的对象不再局限于农户群体，生物识别、卫星遥感等技术的应用将信用数据从"人的信用"和"抵押物信用"进一步扩展到"标的物的信用"，把放贷的依据与贷款的目的完美结合，实现了"借的信息"和"贷的信息"的完整对称。最后，互联网开放的生态系统，将农业的生产、物流、消费、服务等各个环节的经济活动有机串联起来（陈晓红等，2022），打破了不同行业、不同产业、不同企业的发展边界，创新出一系列商业模式和经济业态，促进了信息的合作共享，通过对跨界链条信息的整合，赋能农村金融的信息对称。

（2）"互联网"下的契约执行。

金融机构依托大数据风控模型对农村金融业务的贷前、贷中、贷后建立全方位的科技风控体系，而大数据风控模型的信息优势和模型优势是其能够精准捕捉农村信贷风险的重要原因：信息优势方面，大数据风控模型可以获取农户在互联网上的社交、交易等多重行为信息，全面评估农户信贷风险；模型优势方面，通过在模型中引入复杂的机器学习模型，可以有效处理万级甚至十万级的风险衍生变量，并通过智能化风险模型的迭代和科技化策略机器人的应用，准确刻画用户的违约特征，完善风险识别能力，助力农村信贷契约的执行。另外，互联网开放的生态系统将不同的交易、社交网络平台联动起来，促进了线上线下资源的有机结合，使信息与数据的快速传播与共享成为可能。一旦借款人发生违约，违约信息将快速传播并共享到其他网络平台，造成借款人在整个互联网生态系统的信用污点，网络生态系统的威慑力保障了农村信贷的契约执行。

3.2.3 "社会网+互联网"下的信息对称和契约执行

（1）"社会网+互联网"下的信息对称。

随着智能终端的普及和基础设施的完善，农村地区的信息化水平不断提高，传统的关系型借贷，在基于社会关系获取数据的基础上，也会广泛利用互联网技术实现信息记录、信息传递和信息保存，极大提高了业务效率，方便了信息的获取和利用。而由于实现农村信息的"上网化"需要一个过程，农村群体在互联网上沉淀的数据始终有限，且农民群体根深蒂固的小农思想，决定了农民对风险的规避行为以及对商业化市场的天然排斥（王曙光，2017），这意味着"互联网"下的农村信贷，也离不开社会网络的辅助，需要借助线下社会关系打开农村市场、对接农户需求。因此，现实情况下，实现农村数字普惠金融的信息对称需要"社会网"和"互联网"的共同助力。

（2）"社会网+互联网"下的契约执行。

在契约执行方面，传统的社会关系型借贷，同样会采用数字技术建立风控模型，并通过风控模型对借款人进行标准化监测，且互联网技术也提高了借款人违约信息的传播效率和范围，强化了基于社会关系网的契约执行机制。但由于当前农村各个主体的关系仍主要局限在线下的社会网络，互联网生态系统产生的网络惩罚机制作用相对有限,"互联网"下的农村信贷也会广泛借助政府和线下机构的担保和背书,以保证契约的执行。因此,农村数字普惠金融的契约执行同样离不开"社会网"和"互联网"的合力。

3.3　实　践　总　结

该部分将基于上文理论机制的探讨,立足于中国农村的金融实践和作者的实地调研,从逻辑、机制与特点三方面分别对传统农商银行和互联网银行在农村开展的数字普惠金融模式进行总结和分析。

3.3.1　传统农商银行的农村数字普惠金融模式:基于"社会网"的"特色数据 + 精细化"发展模式

农商银行一直是我国农村金融的主力军,深耕农村多年,与当地农民联系紧密,拥有广泛的线下网点,且通过多年的群众积累在社会关系网搭建上拥有显著优势。近些年随着互联网金融的发展,农商银行依托线下关系网优势,利用线上互联网技术开展了数量众多的特色涉农业务,在服务"三农"金融领域发挥了重要作用。浙江萧山农村商业银行(以下简称"萧山农商银行")作为一家立足萧山本土的商业银行,始终坚守"姓农、姓小、姓土"的核心定位和"向实、向内、向小"的经营理念,一直深耕本辖区农村阵地,大力发展农村数字普惠金融,2021 年涉农贷款480.39 亿元,并计划在"十四五"期间向萧山区授信 1000 亿元,累计在全区投放乡村振兴贷款 500 亿元以上,① 是浙江省农村商业银行的典型代表。下面本书将以作者对萧山农商银行的具体调研案例为支撑,分析农商

---

① 资料来源:《浙江萧山农村商业银行股份有限公司 2021 年年度报告》及调研数据。

银行的农村数字普惠金融模式，并将模式总结为基于"社会网"的"特色数据＋精细化"发展模式，基于此绘制了模式的运行图，如图3-1所示。

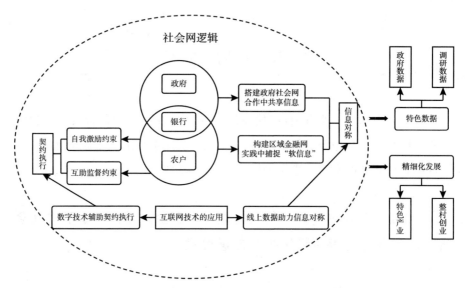

图3-1　传统农商银行的农村数字普惠金融模式

通过图3-1可知，农商银行在农村开展的数字普惠金融是在"社会网"逻辑下进行的，在此逻辑下，农商银行的业务基于"社会网"，并利用互联网技术实现信息对称和契约执行，形成了"特色数据＋精细化"特点的发展模式。

（1）运行逻辑：基于"社会网"的社会逻辑。

农村是一个注重宗族及纽带关系的社会，农商银行深耕农村多年，积累了广泛的群众基础，在农村开展的数字金融业务往往依托社会关系网的应用，其作用机制也是通过社会关系网的互联以实现信息对称，并通过社会网络的约束来保障契约执行。

首先，在信息对称方面。农商银行借助社会网络的链接属性，获取并收集农户的信贷信息，以实现信息对称，体现在如下两方面：

第一，搭建政府社会网络，合作中共享信息。农商银行作为辖区内农村金融的主力军，与当地乡镇政府联系紧密，双方在资源共享、互惠互利的基础上，共同开展一系列乡村振兴活动。例如，萧山农商银行一直坚持党建引领，并积极探索"村银共建"模式，通过设立党建联盟，党员主动上门走访，获取农户需求，并与辖区内 481 个行政村签订了"村银共建"协议。在开展"村银共建"模式的基础上，为村民提供多元化的便捷民生服务，实施了"政银通""社银通"等便民服务工程，开展水电、华数、社保、燃气、一户通等代办事项，通过村银信息的互联机制，获悉村民的民生数据。另外，萧山农商银行还采用乡村治理中产生的治理数据作为农户的信用背书，为农户发放信用贷款，将农户授信数据与"五和众联""微信治村""五美庆丰"等乡村治理新模式结合，把村民的基层治理参与度作为"美德贷""农易贷"等准入依据，高积分的村民可以凭此享受贷款利率、贷款额度、消费折扣等方面的优惠。萧山农商银行通过与政府层面的合作，实现利益捆绑，为乡村振兴提供金融资金的同时，利用政府的威望与领导力带动农户的金融需求，挖掘农户的信贷需求信息，并充分利用合作中产生的政务数据、民生数据、治理数据等实现信息对称。

第二，构建区域金融网，实践中捕捉"软信息"。农村居民的信息被广泛记录于农村社会网络中，并以"软信息"的形式存在于人脑、人们日常生活及交易活动中（罗兴等，2018）。当前，对于这类"软信息"主要依靠人力深入农村社会网络并长期互动来获取。萧山农商银行采取网格化作业，构建了广泛的金融服务网络，截至 2021 年底，有 140 个网点、148 家丰收驿站、481 个信用联络站、1200 多名信贷联络员，基本实现"基础金融不出村，综合金融不出镇"的普惠金融服务格局。[①] 在网点及驿站都会派专门的信贷人员驻守，而辖区内的每个村委一般都有 2~3 个专门的信贷联络员。乡村中的信贷员长期负责该区域内人员的贷款工作，与乡村干部及农户都有较强的业务联络和感情联络，对本区域内农户的个人情况

---

① 资料来源：调研对象提供数据。

非常了解。信贷员通过实地的调研往往会获取更多农户个人特点数据，例如，是否有不良嗜好、是否有熟人借款、在村里的口碑、威望等信息，这些"软信息"将帮助银行更加精准地捕捉用户专属画像。

其次，在契约执行方面。传统农商银行通过搭建农村社会网络并利用社会网的约束机制保障契约的执行，体现在如下两方面：

第一，自我激励约束，个体社会角色维护中促进契约执行。农商银行利用自身的"地缘优势"和"信息优势"（马九杰等，2021），在与政府合作及实践调研中积累了大量农户数据，这些数据不仅体现了农户的个性信息，更象征了农户在其社会关系中的角色形象，特别是在数字经济发达的农村地区，甚至会将此类数据予以显性记录，并作为农户参与乡村治理、享受村集体福利的重要参考依据。例如，萧山农商银行以乡村治理中产生的评分数据作为信贷依据，评分高的村民会获得贷款额度、利率等方面的优惠，而村民为了获得高的评分，维护自身的社会角色，享受集体福利，会进行自我约束，并主动还款，从而促进了契约的执行。

第二，互助监督约束，个体与集体交互关系中保障契约执行。集体利益是由个体福利水平表示的社会状态，个体与集体的关系是个体与集团内其他个体之间的关系（曾军平，2006），个体利益组成了集体利益，集体利益又关乎个体的利益。萧山农商银行利用社会关系中个体与集体的利益交互，开展信用村和信用镇模式，截至2022年底，已创建信用村社452个，信用镇24个[①]，并为信用村的村民发放优惠贷款。当信用村中的个体村民发生违约时，将不仅影响自身的信用水平，还会影响整个村集体的信用水平，甚至取消信用村的资格，在这种模式下，村民间的互相监督将保障信贷契约的执行，并维持个体与集体利益的最大化。

最后，是"社会网"逻辑下互联网技术的应用。近些年，随着手机银行的普及和互联网技术的进步，农商银行在运用社会关系网开展农村数字金融业务的同时，积极发挥互联网科技在数据传输和分析等方面的作用，

---

① 资料来源：《浙江萧山农村商业银行股份有限公司2022年年度报告》。

极大地提高了作业效率和准确率，体现在如下两方面：

第一，社会关系维护下，线上技术助力信息对称。萧山农商银行依托线下关系网优势，充分利用手机银行及互联网技术开展线上线下相结合的模式。首先，在数据获取方面，主要表现为"线下数据来源，线上数据呈现"的方式。萧山农商银行通过党建联盟，党员主动上门走访获取农户贷款需求，并通过网格化作业，向驻点派出大量信贷联络员，对农户的个人信息进行调研采集。与此同时，萧山农商银行积极推进数据线上化，将获取的数据在线上予以呈现，信贷员可以完全采用电子化的终端设备录入客户信息，并对信贷数据字段进行线上记录和调取，极大地提高了业务效率。其次，在授信评估方面，萧山农商银行的评估授信采用线上与线下相结合方式，根据多方采集的数据，大概70%的授信评估可以通过线上风控模型获取信贷额度①。传统农商银行采用线上互联网技术极大地提高了业务效率，方便了信息的获取和利用。

第二，社会网络约束下，数字技术辅助契约执行。萧山农商银行将线下获取的农户数据予以线上呈现，并采用数字技术建立风控模型，进行标准化监测，数字技术的应用提高了在社会网络约束下，个人违约信息的传播速度和范围，强化了契约的执行。另外，随着农村通信基础设施的完善，村民上网比例逐渐增多，村民在互联网上的交易行为及生活记录不断增加，在数字技术的辅助下，村民的信用水平将不仅影响其在现实集体社会中的"形象"，也会影响其在互联网世界中的"画像"，从多方角度约束了村民的行为，保证了契约执行。

通过上文的分析可知，萧山农商银行在农村开展的数字金融业务不论是信贷运行机制，还是对互联网技术的应用，其背后的运行基础都是基于农村"社会网"的社会逻辑。接下来，本书将进一步以萧山农商银行的案例为依托，分析农商银行在"社会网"逻辑下开展的农村数字普惠金融业务具有怎样的模式特点，以及在这种模式下农商银行是如何推进农村金融

---

① 资料来源：调研对象提供数据。

的数字化，又是如何通过数字赋能农村金融的普惠发展的。

（2）运行特点："特色数据＋精细化"发展。

首先，基于"社会网"的特色数据。农商银行的数字金融业务基于农村的社会关系网，并借助互联网技术的应用，获取多方的特色数据。这些特色数据将信贷业务的重点聚焦于"人的信用"，以此解决农村信贷中的信息不对称问题，并保障契约的执行。例如，萧山农商银行与政府合作关系中产生的涉农数据、民生数据及治理数据等。政府的涉农数据包含土地确权信息、农业保险、农机补贴信息等，民生数据包含村民的水电、燃气、社保、有线等民生代办事项产生的数据，治理数据主要为基于村镇治理中产生的村民治理参与度数据。又例如，截至 2021 年底，萧山农商银行拥有 1200 多名的信贷员①，信贷员通过实地的调研往往会获取很多农户的个人特色数据，如农户是否有不良嗜好、是否有熟人借款、在村里的口碑、威望如何等数据信息。以上这些数据都是基于农村社会关系网产生的，具有很明显的地域特色和个人特色，可以对某个区域的农户进行精准画像，并帮助农商银行将信贷业务的重点聚焦于"人的信用"，极大地缓解了农村居民由于信息不对称和缺乏抵押物而导致的信贷约束问题，并基于此保障了信贷契约的顺利执行。农商银行基于农村"社会网"获取农户的特色数据用于信贷业务，推进了农村金融的数字化发展。

其次，基于"社会网"的精细化发展。农商银行基于农村"社会网"开展的金融业务需要铺设大量的网点和信贷联络员，资金成本及人员成本较大，因此农商银行的农村业务只能在一定辖区范围内开展，而辖区内获取的农户数据是具有明显地域性和农户个性的，数据较难在其他地区进行复制应用，这就决定了农商银行开展的农村数字普惠金融业务需要做到精细化发展，但精细化发展并不意味着对单个贷款对象的逐一定位，而是要求在同一社会关系下深入某个领域或产业实现可持续的、精准化发展。例如，萧山农商银行基于政府的合作关系，对辖区内

---

① 资料来源：调研对象提供数据。

政府重点扶持的特色产业进行信贷支持，对三围村的芹菜产业和佛山村的乡村旅游业给予信贷额度、利率等方面的优惠，积极对接产业资金需求，助力乡村致富产业的发展；又例如，萧山农商银行以村为单位，通过党建联盟实现信息互通，重点支持乡村创业带头人的资金需求，以点带面，从而带动更大范围的村民参与创业并给予信贷支持，助力农民致富增收。农商银行基于农村"社会网"，对同一社会关系下的信贷需求精准定位并细致化发展，依靠社会关系网获取农户特色数据，实现了农村普惠金融的精细化发展。

3.3.2　互联网银行的农村数字普惠金融模式：基于互联网的"大数据+规模化"发展模式

互联网银行在成立之初就定位于服务小微群体，不设线下网点，通过互联网及大数据为用户提供高效、便捷的金融服务。目前我国最具代表性的三家互联网银行分别为微众银行、网商银行和新网银行，其中，网商银行是互联网银行服务"三农"领域的典型代表。网商银行作为浙江省唯一的互联网银行，由蚂蚁集团在 2015 年发起成立，通过互联网为用户提供服务，从 2018 年初开始探索农村数字普惠金融领域，截至 2021 年末，全国累计超过 2000 万县域小微经营者和"三农"群体获得网商银行信贷服务[1]。同时，网商银行坚持以互联网和大数据为支撑，推出了"大山雀"卫星遥感信贷技术，截至 2021 年末，全国有超过 60 万种植户通过该技术获得信用贷款，享受到科技带来的普惠服务[2]。本书在对网商银行农村业务模式进行深度考察的前提下，探究互联网银行的农村数字普惠金融模式，并将其总结为基于互联网的"大数据+规模化"发展模式，在此基础上绘制了模式运行图，如图 3-2 所示。

---

①②　资料来源：《网商银行 2021 年度报告》。

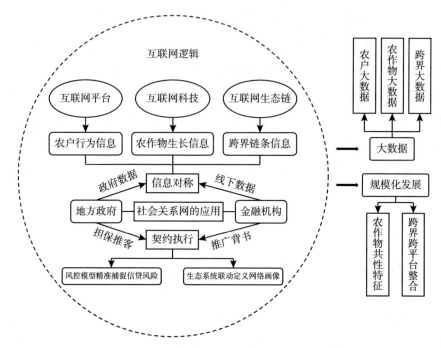

图 3 - 2　互联网银行的农村数字普惠金融模式

通过图 3 - 2 可知，互联网银行的农村数字普惠金融模式是在互联网技术逻辑下进行的，在此逻辑下，农村的金融业务基于互联网，辅以线下"社会网"实现信息对称和契约执行，并形成了基于互联网的"大数据 +规模化"发展模式。下面将以浙江网商银行的案例为依托，对互联网银行农村数字金融的模式展开具体分析，并分析模式背后的运行逻辑、机制及运行特点。

（1）运行逻辑：基于"互联网"的技术逻辑。

互联网银行天然具有互联网科技基因，在农村没有广泛群众基础的前提下，充分运用互联网数字科技和互联网商业模式开展农村金融市场，其作用机制也是在"互联网"基础上实现信息对称和契约执行。

首先，在信息对称方面。根据中国互联网络信息中心公布的第 50 次《中国互联网络发展状况统计报告》，截至 2022 年 6 月，我国农村互联网普及率为 58.8%，且随着智能终端在农民群体中的普及、通信基础设施、卫星遥感设备在农村地区的覆盖，农村的各类信息可以沉淀在互联网上，并进行实时动态监测，而互联网开放的生态系统，又将各个环节的信息进行有机地结合与创新，帮助互联网银行实现农村金融市场的信息对称，具体体现在如下三个方面：

第一，背靠互联网平台，获取农户行为信息。随着互联网的发展，很多农户的社会经济活动都在网络上进行，村民参与网络交易和社交的情况在互联网上留下了大量足迹。作为互联网银行，背后一般都有大型网络平台作为股东，可以借助背后的网络平台，广泛获取农户在网上的交易行为信息，为其在农村的普惠金融业务提供数字信贷依据。网商银行相比传统农商银行最大的优势就是可以利用支付宝上的数据，收集和利用农户在支付宝平台积累的、与具体支付场景相关的交易数据和行为数据信息，借助大数据技术评估农户风险并据此授信，但存在很多农户在支付宝上缺乏行为数据的问题。

第二，依靠互联网科技，聚焦农作物生长信息。我国农村互联网普及率虽然逐年上升，但存在明显的地区差异，中西部农村地区农户的上网比例仍然很低，此类地区通过互联网平台获取农户的信息相对有限，仅依靠农户的网络画像并不能支撑互联网银行的信贷业务。鉴于此，网商银行依托卫星遥感、生物识别等技术将信息聚焦于地上的农作物，以农作物的生长信息作为放贷依据。网商银行于 2020 年推出了名为"大山雀"的卫星遥感信贷技术，可以识别小麦、水稻、玉米等 20 多种主粮作物，并攻克了苹果、猕猴桃等经济作物的识别难题。那么，"大山雀"卫星系统是如何获取信息为农户提供金融服务的呢？第一步，农户拿着手机，绕地走一圈，或是在支付宝上把自己的地在地图上圈出来，网商银行会利用已获得的土地信息进行交叉比对，确认授信对象。第二步，卫星会依靠光谱主动识别这块地的农作物面积、作物类型，再结合气候、行业景气度等情况，通过几十个风控模型，预估产量和价值，并结合农户的支付信用数据和政府涉农数据进行综合评估，短短几分钟农户就能拿到合理的授信额度，快速获得资金支持。

第三，依托互联网生态链，整合跨界链条信息。互联网的生态链是互联网银行开展农村信贷最具特色和最具优势的地方。在这里，我们以网商银行在陕西省洛川县的苹果产业应用为例。作为蚂蚁集团网商银行的最大股东，阿里巴巴在陕西省洛川县形成了"洛川苹果模式"：消费侧反推—标准化生产、品种改良—冷藏冷链—分级分选—建立销售标准—建设直管仓—组合营销、培育品牌—培养电商人才。2021年阿里向合作果农收购了3000多吨超级苹果，并通过盒马及淘宝等多渠道销售。截至2021年底，洛川县孵化苹果销售电商企业115家，累计有注册电商经营户达752户，各种微小店约5000个，日均发货4万~5万单。[①] 早在2018年9月，洛川县政府就与蚂蚁金服签署了战略合作协议，网商银行依靠背后的"互联网生态链"优势，依托大数据实现了洛川县苹果的全产业链融资，不仅提供洛川县苹果种植过程的融资，而且在苹果产业的技术投入、冷链物流、销售供应等环节实现了全产业链的金融供给。洛川苹果的产业金融一体化模式，不仅通过金融促进了产业的发展，而且产业链上积累物流、资金流、信息流等大数据又可以应用到金融授信过程中，实现金融与产业的融会贯通。

其次，在契约执行方面。随着互联网在农村地区的普及应用，众多农民群体参与到网络世界中，形成了专属的网络画像，而伴随着农户在互联网生态中的深度参与，互联网信贷将产生类似于现实世界的信贷约束能力。互联网银行通过大数据及生态链保障农村信贷契约的执行，体现在如下两个方面：

第一，风控模型精准捕捉信贷风险，助力契约执行。大数据风控模型可以获取农户在互联网上的社交、交易等行为信息，相较于农户在现实中受约束的行为，互联网开放兼容的环境，可能会捕捉到农户更加真实的心

---

① 【延安】洛川再启"果业革命"大幕 ［EB/OL］. 陕西日报，https：//www. shaanxi. gov. cn/xw/ldx/ds/202204/t20220425_2218708. html，2022 – 04 – 25.

理及行为数据。另外，不同于传统银行，互联网银行风控模型的监测对象不仅包括农户，还涵盖了地上的农作物，例如，网商银行的"大山雀"系统以五天为周期，实时更新卫星影像和识别结果，监测农作物的长势，从而动态调整授信额度并及时采取对应的风险管理措施；另外，网商银行利用自身的科技优势，在模型中引入复杂的机器学习模型，准确刻画用户的违约特征，完善风险识别能力，助力农村信贷契约的执行。

第二，生态系统联动定义网络画像，辅助契约执行。互联网银行可以借助网络生态系统对借款人形成一定的威慑作用（黄益平和邱晗，2021），一旦借款人发生违约，违约信息将快速传播并共享到其他网络平台，造成借款人在整个互联网生态系统的信用污点，影响借款人的网络画像，而随着农村互联网的普及，农户在网络上的行为增多，也将越发关注自身的网络信用水平。另外，随着网络信贷接入央行、税务、工商等多个政府系统，借款人的网络信用水平也会直接影响到现实征信情况，增加了违约在现实世界带来的声誉损失，提高了农户的违约成本，保障了契约执行。

最后，互联网逻辑下社会关系网的应用。互联网银行在农村地区没有任何群众基础的前提下，需要充分借助当地的社会网络打开农村金融市场。当前互联网银行对农村社会关系网的应用主要体现在如下两个方面：

第一，在地方政府引导下，打开农村市场。网商银行采取与当地政府签约的方式开展农村金融业务，借助乡镇政府的领导力打开农村市场。政府的社会关系网在互联网银行的农村金融业务中，主要发挥了两点作用：其一，担保推客。当地政府与网商银行在签约基础上，联合开发金融产品试点。例如，2021 年 11 月，陕西省果业中心与网商银行进行深度合作，联合开展"陕果贷"金融产品试点，并要求各市县（区）果业中心主动对接网商银行，向其提供涉果经营主体信息，推荐产业客户，积极宣传推广，表 3 – 1 为"陕果贷"金融产品详情。在此过程中，当地政府根据"社会网"中积累的信息对互联网银行进行精准担保推客，政府担保拖底，既打消了农户的顾虑，也保障了银行的利益，助力了契约执行。其二，政府数据。政府与网商银行在合作的基础上，为辅助银行授信，会向其提供一部分政府涉农数据，包括土地确权信息、农业保险、农机补贴等信息，网商银行将这些涉农政务民生数据（只根据客户授权使用相关数据，不拥有这些数据）进行归集，对存在支付交易数据的农户提供更为精准的客户画像和信用评级，对缺少支付数据的农户进行风险评估并授信，从而扩大数字授信的覆盖广度，网商银行结合地方政府的"三农"数据建立专属的风控模型，让更多政府数据发挥起为农户"信用加分"的作用。

表3-1 　　　　　　　　　　　　　　　"陕果贷"详情

产品名称	服务对象	产品形态	产品要素	贷款期限	融资成本
"陕果贷"金融产品	全省苹果、猕猴桃等水果产业全产业链经营主体，包括农户、种植大户、家庭农场、农民合作社、农业社会化服务组织、小微农业企业等农业适度规模经营主体或其实际控制人、法定代表人	对普通农户采用"310"模式，即3分钟申贷，1秒钟放款，0人工介入；对大户采用担保公司尽调，网商银行放款模式	单笔贷款额度在1万元（含）至500（含）万元（循环贷）	最长24个月；授信期限不短于6个月	普通农户（个人）年综合融资成本不超过10%，家庭农场、合作社、收储主体年综合融资成本不超过8%

第二，在金融机构合作中，扩展农村业务。互联网银行因服务成本和风控成本较高，对下沉服务的力度和意愿均有限。为开拓农村业务，网商银行广泛开展了与农村当地金融机构的合作关系，双方的合作模式一般为网商银行输出数字风控、自动审批、卫星遥感等技术，村镇银行则充分发挥线下"社会网"优势，主要体现在以下两点：其一，推广背书。村镇银行经营性贷款业务的服务对象主要为当地小微企业、个体工商户和农户，客户群体往往无抵押无担保，存在借款周期短、金额小、风险高等特征。在合作过程中，网商银行利用自身技术优势，村镇银行则发挥线下触角优势，并由遍布各村金融站点的客户经理对农户进行现场指导，推广宣传。村镇银行对互联网银行的合作推广，在一定程度上是以多年积累的农户口碑作为背书，增加了农户的信任度，间接以"社会网"的约束力保障了契

约执行。其二，线下数据。村镇银行基于农村社会关系网获取了众多具有农户个性和地方特色的数据，这些数据都是网商银行所欠缺的，双方在优势互补的前提下，实现部分数据的共享，增加了网商银行在农村地区的数据维度，提高了信息的准确性和对称性。

通过上文的分析可知，网商银行在农村开展的数字金融业务，其背后的运行基础都是基于"互联网"的技术逻辑。接下来，本书将进一步分析，在此逻辑下互联网银行开展的农村数字普惠金融业务的模式特点，并探讨互联网银行是如何推进农村金融的数字化，又是如何通过数字赋能农村金融普惠发展的。

（2）运行特点："大数据 + 规模化"发展。

首先，基于互联网的大数据。互联网银行在缺乏线下网点和群众基础的前提下，充分利用互联网科技和数字化能力发展农村金融，开发了众多可以支撑农村信贷的大数据信息，这些大数据不单关注"人的信用"，还聚焦于"物的信用"（这里的物并非抵押物）和"关联方的信用"，最大程度上扩展了农村信贷的信息来源，以此解决信息不对称的问题，并保障了契约的执行。例如，网商银行在蚂蚁集团下属的支付宝、余额宝、芝麻信用、花呗等平台获取农户的交易流水、信用水平等大数据；依靠"大山雀"卫星遥感技术获取农作物的生长大数据，并通过卫星影像和风控模型监测农作物的长势，根据农作物生长大数据为农户授信，并动态调整授信额度，采取对应的风险管理措施；依托背后的互联网平台，深入产业链的各个环节，打造"产业链"金融模式，不仅提供农作物种植过程的融资，而且借助阿里巴巴在农业产业链上积累的技术、运输、消费、服务等大数据，在农业产业的技术投入、冷链物流、销售供应等环节实现了全产业链的金融供给。

其次，基于互联网的规模化发展。互联网银行作为农村金融的后来者，与农村的联系纽带薄弱，想要在农村金融领域异军突起，意味着必须要发挥科技公司的优势，找到农村信贷的共性数据，走规模化发展路线。互联网银行利用网络平台获取农户大数据，但由于农户金融知识及金融素养的参差，农户之间有着明显的个体差异，且很多欠发达地区的农户往往缺乏网络大数据，导致对农户的个人画像精准度欠缺。此时，网商银行将单纯依靠"人的信用"扩展为依靠"人"与"地"的信用，利用科技手段将观测对象放在地上的农作物上，而农作物的种类及农业的发展在区域内是具有显著共性的，在此基础上通过与农业大省的签约合作，使网商银行在农村金融领域的规模化发展成为可能。另外，数字技术和互联网的发展削弱了企业之间以空间关系为联系纽带的作用，催生了产业组织的数字化和网络化发展（陈冬梅等，2020），互联网银行依托互联网平台和数字科技，以开放的生态系统为载体，将农业的生产、物流、消费、服务等各个环节的经济活动有机串联起来，打破了不同行业、不同产业、不同企业的内涵边界，走出了一条跨界跨平台的规模化发展之路。互联网银行定位于服务小微群体，借助互联网科技及数字化优势，主动触达客户，让农村特别是偏远农村地区的农户获得普惠金融服务成为可能。

3.3.3 传统农商银行与互联网银行的农村数字普惠金融模式对比分析

（1）两种模式的不同之处。

首先，对信贷逻辑的定位不同。农商银行在农村开展的数字金融业务背后的逻辑本质是基于"社会网"的社会逻辑，而互联网银行则是基于"互联网"的技术逻辑，背后的运行逻辑不同，导致了两种模式在农村信贷中信息的捕捉能力及契约的执行力度都是不同的。一是信息对称方面。人是社会关系网中的核心要素，因此农商银行信息获取的对象主要聚焦在"社会网"中的农户，而互联网银行则依靠背后的平台和科技，获取农户的行为信息和农作物的生长信息，将"人的信用"进一步扩展到"标的物的信用"，把放贷的依据与贷款的目的完美结合，实现了"借的信息"和"贷的信息"的完整对称。另外，对于互联网生态链的应用，则进一步将信息扩展到与农户相关的链条信息，扩大了授信对象和信息获取的范围，相对于传统农商银行的信息捕捉能力，互联网银行从更大范围、更多角度上实现了农村信贷的信息对称。二是契约执行方面。在农村开展的数字普惠金融，重点是利用数字化手段和科技的力量解决农民的融资问题，因此契约的执行是不依赖于抵押物的，而在当前农村数字金融模式下，农户作为信贷的借款人和还款人，也就成为契约执行的关键要素。农村注重宗族纽带关系，是典型的熟人社会，相较于外部群体的违约，农村内部主体的违约面临更大的社会成本，因此，农商银行依赖社会关系网产生的信贷关系对于农户的约束能力更强，而互联网银行对于农村信贷契约的执行，主要依靠风控模型的违约识别和来自网络生态系统的威慑力，目前来看很多农户是缺乏网络参与的，导致互联网银行相较于农商银行在契约执行方面的力度不够。

其次，对农村数据的应用不同。农商银行依托线下关系网获取的特色数据具有明显的地域性和农户个性，可以为农户提供精准化、差异化的金融服务，但此类数据较难在其他地区进行大面积的复制与应用，而互联网银行善于挖掘大数据，其数据特征具有共性，数据应用具有普遍性，数据适宜在更大范围农户群体中应用，但却存在数据不够贴合当地特色和农户个性的问题。

最后，对"普""惠"金融的侧重不同。农商银行的属地性质及线下模式决定了业务只能在一定辖区内开展，且考虑成本收益问题，在经济欠发达地区线下布局较少，意味着在这些地区通过线下网络获客并获取数据面临障碍，使农商银行在农村开展的金融业务覆盖范围有限，只能在一定范围内深耕同一社会关系网下的信贷业务，并形成了精细化的发展模式。而正是因为这种精细化模式，使传统农商银行对农村客户的风险识别精准，信贷契约执行力度也更强，导致农商银行在农村信贷的利率较低，特别是在金融机构激烈竞争的发达农村地区，更是如此。互联网银行依托大数据和生态链，通过互联网为农户提供金融服务，不设线下网点，跳出了空间地域限制，且服务的农户很大部分为偏远地区的金融白户，扩展了长尾客户群体，使互联网银行农村金融业务的规模化发展成为可能。但由于面向的农户具有贷款金额小、周期短的特征，且经济欠发达地区的农户往往被传统金融机构排斥，市场缺乏竞争，导致互联网银行在农村信贷的利率较高。

（2）两种模式的共性特点。

首先，融合"社会网"和"互联网"在农村金融中应用。虽然农商银行与互联网银行背后的运行逻辑不同，传统农商银行侧重于社会关系的应用，互联网银行侧重于互联网技术的应用，但在业务的实际运行中却都离不开社会网与互联网的有效结合。农商银行侧重于社会关系网的应用，但也离不开互联网技术的支持，农商银行与当地农村联系紧密，线下网点及信贷员众多，并紧紧依靠多年积累的线下关系网开展农村金融业务，随着近些年数字化水平不断提高，农商银行也充分发挥互联网技术在信息传递、信息分析及信贷管理等方面的作用，大大提高了作业效率。互联网银行侧重于互联网技术的应用，但也离不开社会网络的支撑，互联网银行作为科技类金融机构，拥有大量的科技人员，通过大数据和互联网技术开展农村数字普惠金融，但互联网银行在农村的金融业务依然需要运用到社会网络，利用当地政府和金融机构的线下网络优势及对农户的现实了解，间接将社会关系网运用到农村信贷场景中。

其次，发挥数字在农村金融中的赋能作用。数据在数字经济这个时代显得尤为重要，农村居民由于缺乏传统信贷方式所需的抵押物和征信信息等原因，容易被金融机构排斥，这个时候就更需要借助数据和科技的力量为农民增信。不管是农商银行还是互联网银行都积极挖掘数据去发展农村金融，以数据赋能农村金融的发展，以数据解决金融机构和农户的信息对称问题，使得信贷业务逐渐脱离对抵押物的依赖，将触角延伸到被传统金融方式排斥的长尾客户中，让金融有能力、有渠道去服务农村居民，践行了普惠金融使命。

最后，注重政府在农村金融中的推动作用。政府作为市场经济活动的组织者、协调者和服务者，在农村金融发展过程中起到了重要的推动作用。农商银行的农村数字普惠金融模式是建立在与政府深度合作的基础上，通过搭建政府的社会合作网，在党建联盟、村银共建的基础上实现资源共享和优势互补，共同推动农村数字普惠金融的发展。互联网银行虽然更多是借助大数据与互联网科技发展农村金融，但在农村市场的开发和扩展中，同样离不开当地政府的宣传推广，通过政府去对接农户需求，培养互联网信贷习惯，提高互联网银行在农村市场的接受度。

3.4　小　　结

新兴的数字金融已深刻烙印在农村普惠金融发展中，本章在理论分析的基础上，立足中国农村语境下的金融实践，分别以萧山农商银行和浙江网商银行的案例为依托，总结了传统农商银行与互联网银行在农村开展的数字普惠金融模式，并通过对模式的探究分析了农村数字普惠金融的实践逻辑、机制和特点，在此基础上又分析了两类银行模式的异同，得出了以下结论：第一，农商银行的农村数字普惠金融模式背后的逻辑是基于"社会网"的社会逻辑，而互联网银行则是基于"互联网"的技术逻辑，虽然两类银行在具体业务中都融合了"社会网"和"互联网"的作用，但两者的应用方向和力度不同；第二，农商银行基于"社会网"逻辑形成了"特色数据＋精细化"发展模式，互联网银行则基于"互联网"逻辑形成了"大数据＋规模化"的发展模式，两种模式都呈现出数据在农村金融中的重要性，并通过数字化推动了农村普惠金融的发展，但模式中关于数据的特点和应用以及模式对"普""惠"金融的侧重是不同的。

第 4 章

数字普惠金融与目标农户定位

本章基于中国乡村振兴综合调查（CRRS）数据库，实证考察了数字普惠金融对目标农户信贷可得性和多维收入的影响。研究结果表明：数字普惠金融对有需求、有能力的农户信贷可得性的影响更加显著，且在目标群体中存在信贷需求侧的放大机制；硬件设备、网络条件和村庄信息网络传递均会影响数字普惠金融对目标农户的瞄准，但在不同目标群体中的影响效果是不同的，硬件设备和网络条件在有借款需求的农户样本中影响最大，村庄信息网络传递在有学习能力的农户样本中影响最显著；数字普惠金融对目标农户的财产性收入存在以信贷可得性为中介变量的中介效应，但只在有劳动能力和有学习能力的目标农户样本中，数字普惠金融对非农经营性收入存在完全中介效应。上述结论在考虑稳健性和内生性问题后依旧成立。本书的结果进一步深化了对金融"造血式"扶贫和"开发式"扶贫的理解，也为数字普惠金融促进农民增收和推进乡村振兴提供了必要的经验支撑和政策注脚。

4.1 提 出 问 题

党的二十大报告指出："全面建设社会主义现代化国家，最艰巨最繁重的任务仍然在农村"。随着 2020 年脱贫攻坚战目标的实现，中国迈进了

"后小康"时代，国家"三农"工作的重点也逐步由脱贫攻坚转为全面推进乡村振兴（魏后凯，2020）。乡村要振兴离不开金融资金的有效支持（温涛和何茜，2023），为此我国中央一号文件中多次提到发展农村普惠金融，特别是随着数字经济的发展，在 2021 年的中央一号文件中首次提出"发展农村数字普惠金融"。数字普惠金融以数据和科技的力量切实解决了农村居民的金融约束，满足了农村居民多样化的金融需求，是带动农民增收和乡村振兴的有效途径（张林和温涛，2022；李建军和韩珣，2019）。然而，普惠金融不是"大水漫灌"，数字金融也不是社会救助，一方面，商业的可持续性原则要求金融机构要以可负担的成本为有金融需求的社会各阶层群体提供金融服务，这就意味着金融机构与农户之间必须是成本收益相匹配的，市场化行为下的金融机构只能为有金融需求、有还款能力的农户提供价格合理的金融服务。另一方面，很多农村居民属于能力禀赋匮乏的群体，自身的条件和所在地区环境都较为恶劣，即使赋予金融资源，也很难撬动其内生的发展动力，金融对其贫困的改善作用有限，甚至存在消极影响（Arestis and Caner，2009；崔艳娟和孙刚，2012；朱一鸣和王伟，2017），采用财政扶贫（吴本健等，2019）和就业扶贫（罗良清等，2022）等政策效果更佳。而对于有金融需求和生产能力的农户，他们面临的金融约束才是普惠金融关注的重点，金融也只有赋能到这类目标农户，才能最大限度上释放他们的经济活力和创新潜力，而这一部分群体也正是带动乡村经济发展，推进乡村振兴的主力。因此，农村的数字普惠金融应将目标瞄准为需求得不到满足，能力得不到释放的农户，帮助其获得价格合理的金融服务，从而以金融助力农民增收，并实现农村数字普惠金融的可持续发展，确保金融在全面推进乡村振兴中发挥重要支撑作用。

近些年，随着通信设施和智能终端在农村地区的快速普及，数字普惠金融利用其数字技术和互联网科技有效缓解了传统金融的空间地理排斥，使金融能够以较低的成本触达农村居民，满足了农户的信贷需求（黄益平和黄卓，2018），极大地提高了金融在农村地区的渗透性和可负担性，成为推进农村普惠金融发展的重要载体（Hau et al.，2017；Huang et al.，2018；宋晓玲和侯金辰，2017）。那么，现实情况下，数字普惠金融在农村市场中是否有清晰的目标农户定位？哪些农户在数字普惠金融的发展中获得了更多的资金支持？又有哪些因素会影响数字普惠金融对目标农户的定位瞄准？而数字普惠金融对目标农户增收所发挥的实际作用是怎样的？诸如此类的问题都有待进一步结合经验证据进行实证检验。鉴于此，本书借助中国社会科学院农村发展研究所编制的中国县域数字普惠金融指数，将其与农户微观数据进行匹配，并以是否为目标农户对研究样本进行划分，重点考察数字普惠金融对农户信贷可得性的差异化影响，分析数字普惠金融对目标农户瞄准的影响因素，并探究数字普惠金融对目标农户收入的作用效果，以此为"后小康"时代，利用数字普惠金融促进农民增收和推进乡村振兴提供必要的经验支撑和政策注脚。

本章的边际贡献在于：第一，从目标群体瞄准的视角出发，探究数字普惠金融对农户信贷可得性的差异化影响，验证了数字普惠金融发挥最大作用的目标群体，为普惠金融和金融扶贫的研究提供了新的视角和思路；第二，从硬件设备、网络条件和村庄信息网络传递三个方面对影响数字普惠金融目标瞄准的因素进行了验证，扩展了研究范围的同时也深化了本书研究的政策内涵；第三，从农业经营性收入、非农经营性收入、工资/创业性收入和财产性收入等多个维度考察了数字普惠金融对目标农户收入的影响，探究信贷可得性的中介效应机制，并侧面反映了金融"造血式"扶贫和"开发式"扶贫的作用，为全面推进乡村振兴背景下相对贫困治理的政策实施提供了新的视角和经验证据；第四，基于中国社会科学院开展的全国大型农村追踪调查，获取的微观数据覆盖面广、质量高，弥补了相关研究多采用区域性小规模数据和个别案例的问题，提高了研究结论的可靠性和精确度。

4.2　理论分析与研究假说

4.2.1　数字普惠金融与目标农户瞄准

数字普惠金融的发展本质上是一种政府引导下的市场化行为（李建军等，2020），其商业的可持续性原则，要求金融机构与农户双方是成本收益相匹配的，它只有瞄准到有贷款需求、有还款能力的农村群体，才能真正发挥金融扶贫的最大功效（何德旭和苗文龙，2015），并实现金融的长远可持续发展，因此，并不是所有的农村居民都是数字金融的目标群体。农村的劳动年龄人口是拥有劳动能力的农村居民，也是实现贫困户"稳定就业一人，脱贫致富一家"的关键目标群体（杨艳琳和付晨玉，2019），而受教育水平较高的农村居民，接受新鲜事物的能力强，学习能力也强，是农村最具发展潜力的群体。这些群体因传统金融的排斥（朱一鸣和王伟，2017），限制了他们发展能力的提升和发展机会的获得，是我国农村扶贫的关键对象，也是农村普惠金融发展的主要目标。数字普惠金融只有瞄准到这类目标农户，才能使资金流入农村的高效群体，并提高金融资源的配置效率。另外，农村有一部分居民由于受教育水平和金融素养较低，存在"数字鸿沟"和"知识鸿沟"（王修华和赵亚雄，2020），往往在互联网上留存的数据和信息有限，导致数字普惠金融对这部分群体存在识别障碍，相对于这类群体，拥有一定能力禀赋的农村居民，通过数字普惠金融则可以获得更多的金融支持。另外，数字普惠金融的发展放松了金融对农户抵押物和初始财富的约束，提高了正规金融对农户的可及性和可负担性，特别是本身对生产、生活有资金需要的农户，经过互联网的精准定位和个性化推荐，将极大地提高正规金融与这部分农户的主动对接，激发有需求、有能力的农户去正规渠道申请贷款，放大了农户的信贷需求，并支持农户信贷从名义上的需求向有效需求转变（彭澎等，2018）。基于以上分析，本书提出假设4-1。

假设4-1：数字普惠金融对有需求、有能力的农户信贷可得性的影响更加显著，且在目标群体中存在需求侧的放大机制。

4.2.2　数字普惠金融对目标农户瞄准的影响因素

数字普惠金融对目标农户的识别，需要农户在网络上有丰富的数据痕迹和畅通的信息传递。首先，网络数据的积累需要农户拥有基础硬件设备和良好的网络条件（Bauer J M，2018），使农户能够顺利接入互联网中，产生网络交易和社交足迹，并依托大数据模型和互联网生态对农户信息进行有效识别和实时监测（陈晓红等，2022），从而为农户提供数字普惠金融服务，并使其享受数字经济的红利。其次，对于农户的信息传递，一方面，来自农户自身对外界的信息获取，主要表现为通过网络搜索关注就业创业、金融知识、生产指导等信息，而数字技术将根据不同农户的偏好进行个性化推送，从而提高金融对农户信贷需求的匹配度；另一方面，农村地区是典型的熟人社会，乡村内部的信息传递呈现出明显的差序格局（何欣和朱可涵，2019），最先获取信息的是居于中心地位的精英群体（胡联和汪三贵，2017；温涛等，2016），然后逐渐向其他群体扩散，普通农户获取信息的渠道少、信息化水平低。但随着互联网的普及，农村的内部信息开始通过网络进行传播，传输过程逐渐扁平化，打破了传统信息传递的差序格局，极大地提高了普通农户的信息水平，使得有需求、有能力的普通农户也可以及时获取信贷信息，提高了数字普惠金融对农户的触达性。综上分析，本书提出假设4-2。

假设4-2：硬件设备、网络条件和村庄信息网络传递均会影响数字普惠金融对目标农户的瞄准。

4.2.3　数字普惠金融、信贷可得性与目标农户增收

金融产生增收效应的前提是，个体和地区的经济要具备相应的承载能力（王修华和赵亚雄，2020），而现实情况是，很多农村居民属于能力禀赋匮乏的群体，自身的条件和所在地区环境都较为恶劣，在市场化条件下，金融很难撬动其内生的发展动力，因此，金融只有赋能到需求得不到满足、能力得不到释放的这部分农村居民，才能真正带动农户增收，而这部分群体也正是带动乡村经济发展的主力，从而最大程度发挥金融的有效性和可持续性，发挥金融的"造血"功能。数字普惠金融的发展极大地提高了农村金融的渗透性和可负担性，增加了农村居民的信贷可得性，特别是原来被排斥在金融体系之外的有需求、有能力的农户，可以更有效地对接并使用数字普惠金融，并通过将信贷资金投向农业生产、非农经营、打工创业和理财等多个领域扩宽家庭的收入来源，在这方面，很多研究都提供了丰富的经验证据。例如，谢绚丽等（2019）、何婧和李庆海（2019）的研究表明，数字普惠金融的发展通过缓解农户的信贷约束，显著提高了农户的创业行为，增加了农户的收入来源；孙学涛等（2022）指出，数字金融在农村地区的普及，拓展了农业部门的资本要素来源，为农业生产提供了资金，同时也推动了农业生产的机械化和科技化水平，从而有助于提高农户收入；田鸽和张勋（2022）的研究表明，以数字金融为代表的消费互联网的发展，促进了农村低技能劳动力向数字化低技能的非农行业流动，带动了农村的非农就业；吴雨等（2021）认为，数字金融的发展提高了投资便利性、金融资源获取和家庭的风险承担水平，从而优化了家庭的金融资产配置；而卢亚娟和张菁晶（2018）也指出随着普惠金融的发展，农村居民的家庭收入格局将发生改变，受教育程度高、身体健康和投资经验丰富的农村居民将更倾向于多元化的金融资产配置，也将获得更多的财产性收入。综上分析，本书绘制出数字金融影响目标农户增收可能的作用机制图，如图 4 - 1 所示，并基于此提出假设 4 - 3。

假设4-3：数字普惠金融通过提高目标农户的信贷可得性，增加了农户的多维度收入。

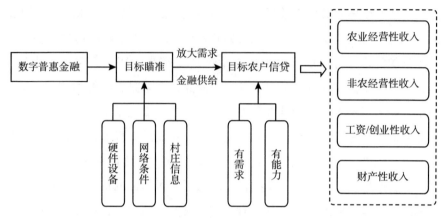

图4-1 数字普惠金融影响目标农户收入的作用机制

4.3 研究设计

4.3.1 数据说明

本书实证采用的数据库包含两个部分：第一，中国乡村振兴综合调查（CRRS）数据库。该数据库是中国社会科学院农村发展研究所建设的，是依托中国社会科学院重大经济社会调查项目《乡村振兴综合调查及中国农村调查数据库建设》开展的一项全国大型农村追踪调查。项目组在2020年8～9月展开调查，并根据我国不同地区的经济发展水平、区域位置和农业发展情况，分别从东部、中部、西部和东北地区抽取调查样本，调查范围覆盖我国广东、浙江、山东、黑龙江等10个省份、50个县（市、区）、150个乡（镇）、308个行政村和3833户农户，样本数据在全国范围内具有较强代表性。该调查包括农户问卷和村庄问卷两部分，农户问卷收集了农户家庭的基本特征、农业投入产出、信息化与电商、金融市场参与、基本公共服务等信息，村庄问卷收集了农户所在村庄的基本情况、土地情况、集体经济发展、农业产业经营等信息，本书使用的农户和村庄数据均出自该数据库。第二，中国社会科学院农村发展研究所编制的中国县域数字普惠金融指数（2019年）数据库。该指数是基于网商银行开展的县域数字普惠金融业务数据编制而成，网商银行深耕农村数字金融服务多年，在数字化服务、地域覆盖率、产品种类方面具有绝对优势。该指数从数字金融服务总体情况、服务深度、服务广度、服务质量等多个维度构建了县域数字普惠金融的评价体系，较为系统地反映了我国县域数字普惠金融的发展情况。

4.3.2　模型设定与变量选取

（1）数字普惠金融与目标农户瞄准。

为验证数字普惠金融对目标农户信贷可得性的影响，本书根据农户是否有需求、有能力对总样本进行分组，并参照查里等（Chari et al.，2021）、仇焕广等（2017）的方法，构建如下基准回归模型（4-1）分别对子样本进行估计，以此验证假设4-1的合理性。

$$CA_i/CD_i = \alpha_0 + \alpha_1 DF_c + \alpha_2 FC_i + \alpha_3 VC_v + \varepsilon_1 \qquad (4-1)$$

其中，CA_i 和 CD_i 为被解释变量，分别作为农户信贷可得性和农户信贷需求的代理变量，DF_c 为核心解释变量，作为数字普惠金融的代理变量，FC_i 和 VC_v 分别表示农户层面的控制变量和村庄层面的控制变量，ε_1 为随机扰动项，α_0 为常数项。下标 i、v 和 c 分别表示农户、村庄和县域。另外，本书依据调查问卷中的"2019年以来您家生产经营和生活上有没有遇到什么事情需要借钱"将农户样本划分为是否有需求的两个子样本，并参照杨艳琳和付晨玉（2019）的思路，以农户的年龄是否在16～60岁和教育水平是否初中及以上为基础，分别作为农户是否具备劳动能力和学习能力的划分依据。

首先,被解释变量。本书主要聚焦于数字普惠金融对目标农户信贷可得性的影响,因此模型(4-1)采用农户在正规金融中实际获得的贷款额度作为主要的被解释变量,此外,假设4-1还要求验证数字普惠金融对农户信贷需求侧的放大作用,因此本书还进一步将农户在正规金融中申请的贷款额度作为信贷需求的代理变量,以此对假设4-1进行完整的估计。

其次,核心解释变量。本章主体部分以中国社会科学院农村发展研究所编制的中国县域数字普惠金融指数(冯兴元等,2021)对数字金融进行度量,后续稳健性检验中本书会采用北京大学数字金融研究中心发布的北京大学数字普惠金融指数(郭峰等,2020)作为数字金融的代理变量,对本章假设做进一步检验。

最后,控制变量。参照李晓静等(2020)、周力和沈坤荣(2022)的做法,本书从农户特征和村庄特征两个层面添加控制变量。农户特征变量包括户主的年龄和年龄的平方、户主受教育年限、户主的性别(男性为1,女性为0)、户主是否担任本村职务(是赋值1,否赋值0);村庄特征变量包括村委距离乡镇政府的距离、村庄是否位于山区(是为1,否为0)、是否为城市郊区(是为1,否为0)、村庄人均可支配收入。

(2)数字普惠金融对目标农户瞄准的影响因素。

为考察数字普惠金融在对目标农户瞄准的过程中,硬件设备、网络条件和村庄信息网络传递是否会加深数字普惠金融对目标农户信贷可得性的影响,从而探究数字普惠金融对目标农户瞄准的影响因素,并对假设4-2进行验证,本书在模型(4-1)的基础上,分别引入硬件设备、网络条件、村庄信息网络传递与数字金融的交互项,以此验证数字普惠金融对目标农户信贷可得性影响中的调节机制,具体模型设定如下:

$$CA_i = \beta_0 + \beta_1 DF_c + \beta_2 RM_i + \beta_3 DF_c \times RM_i + \beta_4 FC_i + \beta_5 VC_v + \varepsilon_1 \quad (4-2)$$

该模型中,RM_i 为调节机制变量,代表数字普惠金融对目标农户瞄准的影响因素,其中,硬件设备根据问卷调查中"家庭上网设备"的问题答案设定,无家庭上网设备取值为0,拥有智能手机、平板、笔记本电脑/台

式电脑中的几项则取值为几，样本取值在 0 ~ 3；网络条件根据问卷中
"您家里网络条件如何"的问题设定，回答"非常好"取值为 1，其他回
答取值为 0；村庄信息网络传递则依据问卷中"您所在村是否有通过网络
及时发布和传递重要信息"的回答设定，没有通过网络取值为 0，通过网
络但不及时取值为 1，通过网络且及时取值为 2。$DF_c \times RM_i$ 为数字普惠金
融与以上调节变量的交互项，本书将重点关注交互项系数 β_3 的方向和显
著性水平。其余变量上文已做解释，不再赘述。

（3）数字普惠金融、信贷可得性与目标农户增收。

基于假设 4 - 3，本书将进一步考察数字金融通过增加目标农户的信贷
可得性，进而对目标农户收入的影响。此部分将采用中介效应模型进行检
验，回归模型设定如下：

$$FI_i = \gamma_0 + \gamma_1 DF_c + \gamma_2 FC_i + \gamma_3 VC_v + \varepsilon_1 \qquad (4-3)$$

$$CA_i = \delta_0 + \delta_1 DF_c + \delta_2 FC_i + \delta_3 VC_v + \varepsilon_1 \qquad (4-4)$$

$$FI_i = \vartheta_0 + \vartheta_1 DF_c + \vartheta_2 CA_i + \vartheta_3 FC_i + \vartheta_4 VC_v + \varepsilon_1 \qquad (4-5)$$

其中，模型（4 - 3）中 FI_i 代表目标农户的收入，本书分别选取了农
业经营性收入、非农经营性收入、工资/创业性收入和财产性收入作为其
代理变量，从多个维度考察数字普惠金融对目标农户收入的影响，并侧面
验证数字普惠金融的"造血"功能。模型（4 - 4）中 CA_i 为中介变量，
表示目标农户的信贷可得性，与上文选取的代理变量一致。模型（4 - 3）、
模型（4 - 4）、模型（4 - 5）为中介效应的检验程序，本书根据温忠麟等
（2014）提出的步骤进行检验。首先，检验模型（4 - 3）中 γ_1 的显著性，
如果 γ_1 不显著则停止中介效应检验。其次，分别检验模型（4 - 4）和模
型（4 - 5）中 δ_1 和 ϑ_2 的显著性水平，如若 δ_1 和 ϑ_2 两个系数都显著，则
继续检验 ϑ_1 的显著性，ϑ_1 显著则表示部分中介效应，ϑ_1 不显著则为完全
中介效应；如果系数 δ_1 和 ϑ_2 中至少有一个不显著，则进行 Sobel 检验，
检验通过则存在中介效应，否则中介效应不显著。另外，表 4 - 1 汇报了
本书主要变量的名称、标识和含义，并对变量进行描述性统计。

表 4 - 1 变量定义及描述性统计

变量名称	变量标识	变量含义	均值	标准差
数字普惠金融	DF	2019 年数字普惠金融指数	96.478	31.991
信贷可得性	CA	农户在正规金融中实际获得的贷款额度（万元）	13.108	61.380
信贷需求	CD	农户在正规金融中申请的贷款额度（万元）	13.453	61.554
硬件设备	Internet device	无家庭上网设备取值为 0，拥有智能手机、平板、笔记本电脑/台式电脑中的 1 项或多项，样本取值在 0 ~ 3	1.297	0.756
网络条件	Network conditions	"非常好" 取值为 1，其他回答取值为 0	0.491	0.500
村庄信息网络传递	Village – NIT	没有通过网络取值为 0，通过网络但不及时取值为 1，通过网络且及时取值为 2	1.569	0.744
农业经营性收入	AOI	农业经营性收入（万元）	2.297	8.267
非农经营性收入	NAOI	非农经营性收入（万元）	1.410	13.164
工资/创业性收入	WI	工资或创业性收入（万元）	3.600	8.598
财产性收入	PI	财产性收入（万元）	0.284	1.868
年龄	Age	户主年龄（岁）	55.109	11.237
性别	Sex	户主性别，男性为 1，女性为 0	0.934	0.248
教育年限	Adu	户主受教育年限（年）	7.831	3.210
是否担任本村职务	Post	户主担任职务为 1，否为 0	0.153	0.360
村委距离乡镇政府的距离	TGD	村委距离乡镇政府的距离（公里）	5.554	5.529
村庄是否位于山区	Mountain area	村庄位于山区为 1，否为 0	0.330	0.470
村庄是否为城市郊区	Urban suburbs	村庄是城市郊区为 1，否为 0	0.212	0.408
村庄人均可支配收入	PCDI	村庄的人均可支配收入（万元）	1.559	1.748

4.4　实　证　结　果

4.4.1　数字普惠金融与目标农户瞄准

为验证假设 4 - 1 中数字普惠金融对有需求、有能力的农户信贷可得性影响更加显著的推论，本书依据调查问卷中"2019 年以来您家生产经营和生活上有没有遇到什么事情需要借钱"将农户样本划分为是否有借款需求的两个子样本，以农户的年龄是否在 16 ~ 60 岁和教育水平是否初中及以上为基础，划分是否有劳动能力和学习能力的子样本，并基于模型（4 - 1），分别对上述子样本进行 OLS 估计，实证结果汇报于表 4 - 2。其中，（1）列和（2）列为是否有借款需求的农户样本的回归结果，在（2）列有借款需求的农户样本中，数字普惠金融对农户信贷可得性的影响系数为 0.163，在 5% 统计水平下显著为正，而（1）列无借款需求的样本中数字普惠金融对农户信贷可得性的影响系数仅为 0.055，可以发现，主观上有明显借款需求的农户在数字普惠金融的发展过程中，可以获得更多的信贷支持。数字普惠金融实现了对农户需求的精准对接，让有需求的农户能够从正规渠道贷到款，真正解决了农户的资金困境。（3）列和（4）列的结果对应的年龄是否在 16 ~ 60 岁的农户样本，不难发现，只有年龄在 16 ~ 60 岁的农户样本中，数字普惠金融对信贷可得性的影响是显著的，系数为 0.105。同样地，（5）列和（6）列的实证结果也表明，只有在初中及以上学历的农户样本中数字金融对信贷可得性的影响显著为正，系数为 0.138。上述结果表明，数字普惠金融对劳动年龄农户和教育水平较高的农户影响更加显著，而这部分群体拥有更好的劳动能力和学习能力，是乡村经济发展的主要力量，通过金融的赋能可以产生更大的内生动力，从而提高金融的有效性和可持续性。综上所述，假设 4 - 1 前半部分的推论得到验证。

表 4 - 2   数字普惠金融对农户信贷可得性的影响

变量	CA					
	(1)	(2)	(3)	(4)	(5)	(6)
	无借款需求	有借款需求	年龄不在 16~60 岁	年龄在 16~60 岁	初中以下 学历	初中及以上 学历
DF	0. 055 ** (0. 027)	0. 163 ** (0. 055)	0. 043 (0. 048)	0. 105 *** (0. 030)	0. 006 (0. 018)	0. 138 *** (0. 038)
Age	- 3. 220 (2. 550)	- 0. 365 (0. 612)	- 16. 982 (18. 354)	0. 464 (0. 662)	- 2. 874 (2. 219)	- 0. 032 (0. 764)
Age^2	0. 031 (0. 026)	0. 003 (0. 006)	0. 132 (0. 141)	- 0. 007 (0. 007)	0. 028 (0. 023)	- 0. 001 (0. 008)
Sex	- 1. 163 (3. 313)	- 2. 576 (3. 401)	9. 265 (14. 181)	- 2. 358 (2. 355)	1. 181 (2. 733)	- 2. 464 (3. 554)
Adu	0. 549 *** (0. 196)	0. 738 ** (0. 304)	0. 045 (0. 442)	0. 941 *** (0. 205)	0. 163 (0. 519)	1. 822 *** (0. 571)
Post	1. 629 (1. 737)	0. 541 (2. 539)	- 1. 860 (3. 750)	0. 577 (1. 611)	1. 027 (1. 483)	0. 146 (1. 866)
TGD	- 0. 049 (0. 090)	- 0. 107 (0. 081)	- 0. 281 (0. 197)	- 0. 021 (0. 059)	- 0. 011 (0. 061)	- 0. 045 (0. 087)
Mountain area	- 1. 025 (1. 648)	- 1. 403 (1. 270)	- 7. 621 (5. 023)	- 0. 393 (0. 932)	- 4. 882 (3. 675)	- 0. 943 (1. 238)
Urban suburbs	1. 470 (2. 441)	5. 845 (5. 473)	- 3. 379 (6. 654)	4. 068 (3. 010)	- 2. 350 (1. 992)	5. 774 (3. 757)
PCDI	3. 087 *** (1. 109)	1. 175 * (0. 649)	6. 949 *** (1. 992)	1. 067 ** (0. 530)	2. 770 * (1. 572)	1. 136 ** (0. 542)
常数项	77. 417 (58. 02)	3. 469 (20. 696)	537. 781 (587. 786)	- 11. 112 (17. 445)	76. 083 (52. 485)	- 14. 061 (23. 586)
R^2	0. 056	0. 090	0. 073	0. 085	0. 048	0. 090
N	592	653	229	1016	441	804

注: * 、 ** 和 *** 分别表示在 10% 、5% 和 1% 的置信水平下显著,括号内为稳健标准误,下同。

接下来本书将进一步考察数字普惠金融对有需求、有能力的农户信贷需求侧的影响，验证数字普惠金融对目标农户信贷需求的放大效果。表4-3汇报了当被解释变量为农户申请的贷款额度时，模型（4-1）的OLS实证结果。其中，（1）列和（2）列为是否有借款需求样本的组间对比结果，（1）列无借款需求的农户样本中，数字普惠金融对农户信贷需求的影响在5%水平下显著为正，系数为0.057，（2）列有借款需求的农户样本中，数字普惠金融系数为0.162，在1%水平下显著。不难看出，相较于（1）列，（2）列有借款需求的样本中，数字普惠金融的影响系数更大，显著性水平也更高。继续分析（3）列和（4）列，在年龄16~60岁的农户样本中，数字普惠金融对信贷需求的影响系数为0.106，在1%水平下显著，而不在劳动年龄区间的农户样本，数字普惠金融的影响系数并不显著，同样的在（5）列和（6）列中，只有在初中及以上学历的农户样本中，数字普惠金融对信贷需求的影响是显著为正的，且系数为0.139。因此，只有面对有劳动能力和学习能力的农户时，数字普惠金融存在信贷需求侧的放大机制。以上结果证明，数字普惠金融的发展放松了金融对农户抵押物和初始财富的约束，提高了正规金融对农户的可及性和可负担性，特别是对于本身具有借款需求和能力禀赋的农户，经过互联网的精准定位和个性化推荐，将极大提高正规金融与这部分农户的主动对接，激发了有需求、有能力的农户去正规渠道申请贷款，放大了农户的信贷需求，并支持农户信贷从名义上的需求向有效需求转变。综上所述，假设4-1的全部推论得到验证。

表4-3　　　　　　　数字普惠金融对农户信贷需求的影响

变量	CD					
	(1)	(2)	(3)	(4)	(5)	(6)
	无借款需求	有借款需求	年龄不在16~60岁	年龄在16~60岁	初中以下学历	初中及以上学历
DF	0.057 ** (0.027)	0.162 *** (0.056)	0.042 (0.048)	0.106 *** (0.031)	0.006 (0.019)	0.139 *** (0.038)

续表

变量	CD					
	（1）	（2）	（3）	（4）	（5）	（6）
	无借款需求	有借款需求	年龄不在 16~60 岁	年龄在 16~60 岁	初中以下学历	初中及以上学历
Age	-3.255 (2.549)	-0.356 (0.617)	-16.862 (18.350)	0.378 (0.669)	-2.859 (2.219)	-0.043 (0.766)
Age^2	0.031 (0.026)	0.003 (0.006)	0.131 (0.141)	-0.006 (0.007)	0.028 (0.023)	-0.001 (0.008)
Sex	-0.948 (3.312)	-2.487 (3.413)	9.365 (14.167)	-2.123 (2.356)	1.326 (2.729)	-2.185 (3.562)
Adu	0.532 *** (0.197)	0.777 ** (0.315)	0.047 (0.442)	0.956 *** (0.214)	0.181 (0.520)	1.948 *** (0.602)
$Post$	1.455 (1.738)	1.250 (2.732)	-1.877 (3.741)	0.841 (1.714)	1.345 (1.634)	0.311 (1.962)
TGD	-0.058 (0.090)	-0.109 (0.083)	-0.269 (0.197)	-0.030 (0.061)	-0.015 (0.062)	-0.054 (0.089)
$Mountain\ area$	-1.123 (1.656)	-1.468 (1.441)	-7.489 (5.025)	-0.457 (1.029)	-5.000 (3.682)	-0.874 (1.331)
$Urban\ suburbs$	1.292 (2.441)	5.599 (5.477)	-3.472 (6.652)	3.832 (3.007)	-2.677 (2.004)	5.557 (3.751)
$PCDI$	3.135 *** (1.116)	1.366 ** (0.623)	7.101 *** (1.992)	1.238 ** (0.493)	3.043 * (1.580)	1.297 *** (0.498)
常数项	78.518 (58.049)	2.777 (20.991)	533.110 (587.640)	-9.541 (17.510)	75.636 (52.458)	-15.113 (23.910)
R^2	0.057	0.090	0.074	0.085	0.049	0.091
N	592	654	229	1017	441	805

4.4.2 数字普惠金融对目标农户瞄准的影响因素

为验证数字普惠金融对目标农户瞄准的影响因素，以探究数字普惠金融对不同目标农户信贷可得性的调节机制，接下来本书将分别对有借款需求、有劳动能力和有学习能力的三个目标样本采用模型（4-2）进行实证估计，并通过估计交乘项的系数来识别这一机制。首先，表 4-4 汇报了有借款需求的农户样本中模型（4-2）的回归结果。（1）列，数字普惠金融和硬件设备的交互项（$DF \times Internet\ device$）系数为 0.235，在 5% 水平下显著为正；（2）列，数字普惠金融和网络条件的交互项（$DF \times Network\ conditions$）系数为 0.167，在 10% 水平下显著；（3）列，数字普惠金融与村庄信息网络传递的交互项（$DF \times Village - NIT$）系数为 0.088，在 5% 水平下显著为正。可以看出，硬件设备、网络条件和村庄信息网络传递均会影响数字普惠金融对有借款需求农户的瞄准，这三个影响因素的改善，将会加深数字普惠金融对有借款需求农户信贷可得性的影响，特别是数字普惠金融与硬件设备的交互项（$DF \times Internet\ device$）系数为 0.235，在硬件设备的平均值 1.297 处，数字普惠金融每增加 1 个单位，农户的信贷可得性将会增加约 0.304 个单位，与信贷可得性的均值（13.108）相比，相当于会增加农户 2.33% 的信贷可得性，具有经济上的显著性。

表 4-4　　　数字普惠金融对目标农户信贷可得性影响的调节机制：有借款需求的农户样本

变量	CA		
	（1）	（2）	（3）
	硬件设备	网络条件	村庄信息网络传递
DF	-0.247 ** (0.113)	0.064 ** (0.028)	0.004 (0.056)

续表

变量	CA		
	（1）	（2）	（3）
	硬件设备	网络条件	村庄信息网络传递
Internet device	-19.291 ** (8.994)		
Network conditions		-12.526 * (7.256)	
Village - NIT			-6.826 ** (3.273)
DF × Internet device	0.235 ** (0.097)		
DF × Network conditions		0.167 * (0.092)	
DF × Village - NIT			0.088 ** (0.044)
控制变量	控制	控制	控制
常数项	37.131 *** (14.102)	5.389 (19.885)	15.741 (18.098)
R^2	0.156	0.107	0.094
N	653	634	633

表4-5和表4-6分别汇报了有劳动能力和有学习能力的农户样本中模型（4-2）的实证结果。其中，表4-5报告了年龄在16~60岁的农户样本结果，（1）列，当调节机制为硬件设备时，交互项（*DF × Internet device*）系数为0.154，在5%水平下显著为正；（2）列，调节机制为网络条件时，交互项（*DF × Network conditions*）系数为0.129，在5%水平下显著；（3）列，当调节机制为村庄信息网络传递时，交互项（*DF × Village - NIT*）

系数为 0.113，且在 1% 的水平下显著。上述结果表明，对于有劳动能力的农户，硬件设备、网络条件和村庄信息网络传递均会提高数字普惠金融对其的识别效率，并加深数字普惠金融对此类群体信贷可得性的影响。表 4 - 6 报告了初中及以上学历的农户样本结果，（1）列，数字普惠金融与硬件设备的交互项（$DF \times Internet\ device$）系数为 0.180，在 1% 水平下显著正相关，说明农村硬件设备的普及和提高，将会显著加深数字普惠金融对这类目标农户信贷可得性的影响；（2）列，数字普惠金融与网络条件的交互项（$DF \times Network\ conditions$）系数为 0.095，但并不显著，说明对于初中及以上学历的农户，网络条件并不是影响数字普惠金融对其瞄准的关键因素；（3）列，数字普惠金融与村庄信息网络传递的交互项（$DF \times Village - NIT$）系数为 0.141，在 1% 水平下显著，表示在村庄信息网络传递的平均值 1.569 处，数字普惠金融每增加 1 个单位，农户的信贷可得性将会增加约 0.221 个单位，与信贷可得性的均值（13.108）相比，相当于会增加农户 1.69% 的信贷可得性。接下来，本书将进一步对三个调节机制作纵向比较，以验证影响因素对不同目标群体的效率和敏感性。首先，硬件设备方面，数字普惠金融与硬件设备的交互项（$DF \times Internet\ device$）系数在有借款需求的农户样本中最大，在有劳动能力的农户样本中影响系数最小；网络条件方面，数字普惠金融与网络条件的交互项（$DF \times Network\ conditions$）对有借款需求的农户影响最大，在初中及以上学历的农户样本中影响不显著；最后，数字普惠金融与村庄信息网络传递的交互项（$DF \times Village - NIT$）系数在有学习能力的样本农户中最大，次之是有劳动能力的样本，再次是有借款需求的样本。以上结果表明，硬件设备、网络条件和村庄信息网络传递均会影响数字普惠金融对目标农户的瞄准，但不同影响因素在不同目标群体中的效率和效果是不同的。综上所述，本书验证了假设 4 - 2。

表 4 – 5   数字普惠金融对目标农户信贷可得性影响的调节机制：
年龄在 16 ~ 60 岁的农户样本

变量	CA		
	（1）	（2）	（3）
	硬件设备	网络条件	村庄信息网络传递
DF	− 0. 174 ** (0. 076)	0. 025 (0. 020)	− 0. 092 ** (0. 044)
Internet device	− 12. 250 ** (5. 523)		
Network conditions		− 8. 851 * (4. 784)	
Village − NIT			− 8. 838 *** (2. 818)
DF × Internet device	0. 154 ** (0. 059)		
DF × Network conditions		0. 129 ** (0. 059)	
DF × Village − NIT			0. 113 *** (0. 034)
控制变量	控制	控制	控制
常数项	17. 270 (15. 326)	− 10. 145 (17. 311)	5. 439 (16. 644)
R^2	0. 126	0. 098	0. 095
N	1016	991	991

表 4 - 6　　数字普惠金融对目标农户信贷可得性影响的调节机制：
初中及以上学历的农户样本

变量	CA		
	（1）	（2）	（3）
	硬件设备	网络条件	村庄信息网络传递
DF	− 0. 184 ** (0. 085)	0. 083 * (0. 045)	− 0. 103 * (0. 059)
Internet device	− 15. 452 ** (6. 679)		
Network conditions		− 8. 172 (6. 853)	
Village − NIT			− 12. 576 *** (3. 923)
DF × Internet device	0. 180 *** (0. 067)		
DF × Network conditions		0. 095 (0. 081)	
DF × Village − NIT			0. 141 *** (0. 044)
控制变量	控制	控制	控制
常数项	23. 897 (16. 867)	− 10. 925 (22. 400)	10. 508 (23. 396)
R²	0. 130	0. 093	0. 101
N	804	778	775

4.4.3　数字金融、信贷可得性与农户增收

上文的实证结果表明，数字普惠金融的发展极大地提高了有需求、有能力农户的信贷可得性，但通过将信贷资金投向农业生产、非农经营、打

工创业和理财等多种渠道增加收入的作用机制还有待实证加以确认。为探究数字普惠金融对不同目标农户收入的影响，下文将分别对有借款需求、有劳动能力和有学习能力的三个目标样本采用中介效应模型进行实证估计，以考察数字普惠金融对目标农户收入的影响，以及信贷可得性在其中的中介效应。因为中介效应模型中的模型（4-4）与模型（4-1）的结果一致，表中不再重复汇报，下表只报告了中介效应模型中模型（4-3）和模型（4-5）的实证结果。表4-7为有借款需求的农户样本中，数字普惠金融对农户多维度收入的影响结果，（1）列和（2）列的被解释变量为农业经营性收入，但（1）列中数字普惠金融的系数并不显著，则停止中介效应检验。同样地，（3）列和（4）列中，当被解释变量为非农经营性收入时，数字普惠金融的影响系数也不显著，说明数字普惠金融对这两类收入的影响均不显著，且不存在中介效应。而后的（5）列和（6）列中，数字普惠金融的系数均在1%水平上显著为正，但Sobel检验的结果表明不存在以信贷可得性为中介变量的中介效应，这说明对于有借款需求的农户而言，数字普惠金融提高了其工资或创业性收入，但影响渠道并不是通过信贷可得性的增加获得。最后，（7）列和（8）列中，数字普惠金融对目标农户的财产性收入影响显著为正，且通过中介效应检验程序，Sobel检验的Z值为1.88，大于5%显著性水平上的0.97，中介效应显著，表明数字普惠金融通过增加目标农户的信贷可得性，增加了农户的财产性收入。综上所述，只有被解释变量为财产性收入时，目标农户通过了中介效应检验。

表4-7　　　　数字普惠金融对目标农户收入影响的中介效应：

有借款需求的农户样本

变量	AOI		NAOI		WI		PI	
	(1)	(2)	(3)	(4)	(5)	(6)	(7)	(8)
DF	-0.011 (0.009)	-0.022* (0.011)	0.024 (0.034)	0.003 (0.051)	0.027*** (0.008)	0.024*** (0.007)	0.006** (0.003)	0.007** (0.003)

续表

变量	AOI		NAOI		WI		PI	
	(1)	(2)	(3)	(4)	(5)	(6)	(7)	(8)
CA		0.030 (0.028)		0.140 *** (0.047)		− 0.008 (0.006)		0.008 (0.010)
控制变量	控制	控制	控制	控制	控制	控制	控制	控制
常数项	2.448 (4.195)	1.608 (6.144)	2.324 (8.666)	7.916 (12.597)	− 1.521 (3.495)	− 2.485 (3.445)	0.351 (1.013)	− 0.042 (1.387)
R^2	0.063	0.094	0.017	0.052	0.040	0.063	0.019	0.040
N	798	520	841	548	963	613	845	530
Sobel					Z = − 0.95 < 0.97		Z = 1.88 > 0.97	

　　表 4 – 8 和表 4 – 9 分别汇报了有劳动能力和有学习能力的农户样本中中介效应模型的实证结果。其中，表 4 – 8 报告了年龄在 16 ~ 60 岁的农户样本中，数字普惠金融对目标农户收入的影响结果。(1) 列和 (2) 列的被解释变量为农业经营性收入，但 (1) 列中数字普惠金融的系数并不显著，停止中介效应检验。(3) 列和 (4) 列中，数字普惠金融在 (3) 列中对农户的非农经营性收入在 10% 水平下显著为正，且 δ_1 和 ϑ_2 两个系数都显著，继续检验 ϑ_1 的显著性，(4) 列 ϑ_1 (即 DF 的系数) 不显著，表明为完全中介效应。进一步地，当被解释变量为工资/创业性收入时，(5) 列和 (6) 列中数字普惠金融的系数均在 1% 水平下显著为正，但并没有通过 Sobel 检验，表明数字普惠金融对目标农户的工资/创业性收入有正向影响，但不存在以信贷可得性为中介变量的中介效应。最后，(7) 列和 (8) 列中，数字普惠金融对目标农户的财产性收入的影响系数均在 1% 水平上显著为正，且 Sobel 检验的 Z 值为 2.26，大于 5% 显著性水平上的 0.97，中介效应显著。综上所述，在有劳动能力的农户样本中，数字普惠金融对目标农户的非农经营性收入和财产性收入存在中介效应。

表 4 - 8 　　　　　数字普惠金融对目标农户收入影响的中介效应：
年龄在 16 ~ 60 岁的农户样本

变量	AOI		NAOI		WI		PI	
	（1）	（2）	（3）	（4）	（5）	（6）	（7）	（8）
DF	-0.004 (0.005)	-0.014 (0.009)	0.030* (0.016)	0.021 (0.031)	0.030*** (0.006)	0.027*** (0.005)	0.003*** (0.001)	0.004*** (0.001)
CA		0.034 (0.028)		0.153*** (0.049)		-0.004 (0.008)		0.006 (0.009)
控制变量	控制	控制	控制	控制	控制	控制	控制	控制
常数项	2.744 (4.844)	2.291 (8.024)	-6.967 (6.956)	-1.972 (11.050)	-1.922 (3.402)	1.412 (3.892)	-0.017 (0.708)	-0.894 (0.998)
R²	0.043	0.076	0.019	0.054	0.024	0.069	0.012	0.024
N	1765	819	1843	863	2097	962	1831	839
Sobel			Z = 3.32 > 0.97		Z = -0.51 < 0.97		Z = 2.26 > 0.97	

表 4 - 9 　　　　　数字普惠金融对目标农户收入影响的中介效应：
初中及以上学历的农户样本

变量	AOI		NAOI		WI		PI	
	（1）	（2）	（3）	（4）	（5）	（6）	（7）	（8）
DF	-0.004 (0.006)	-0.012 (0.011)	0.029* (0.017)	0.016 (0.036)	0.029*** (0.006)	0.030*** (0.007)	0.004** (0.002)	0.007** (0.003)
CA		0.027 (0.023)		0.142*** (0.043)		-0.004 (0.008)		0.006 (0.008)
控制变量	控制	控制	控制	控制	控制	控制	控制	控制
常数项	6.007 (3.842)	-1.154 (5.969)	-3.921 (4.934)	-1.663 (7.863)	-13.543* (6.932)	-4.758 (4.298)	-0.754 (0.822)	1.122 (2.615)
R²	0.049	0.084	0.024	0.060	0.023	0.060	0.013	0.033
N	1597	647	1654	675	1874	757	1650	664
Sobel			Z = 3.09 > 0.97		Z = -0.53 < 0.97		Z = 1.85 > 0.97	

接下来，将继续分析表 4 - 9 中，初中及以上学历农户样本的实证结果。可以看到：（1）列和（2）列中，当被解释变量为农业经营性收入时，数字普惠金融的影响系数并不显著，停止中介效应检验。（3）列和（4）列中，当被解释变量为非农经营性收入时，数字普惠金融在（3）列中对农户的非农经营性收入在 10% 水平下显著为正，且 δ_1 和 ϑ_2 两个系数都显著，但（4）列 ϑ_1（即 DF 的系数）不显著，则表示存在完全中介效应。（5）列和（6）列中，当被解释变量为工资/创业性收入时，数字普惠金融的系数均在 1% 水平下显著为正，但并没有通过 Sobel 检验，表明数字普惠金融对目标农户的工资/创业性收入有正向影响，但不存在以信贷可得性为中介变量的中介效应。（7）列和（8）列中，当被解释变量为财产性收入时，数字普惠金融对目标农户的财产性收入的影响系数均在 5% 水平上显著为正，且通过 Sobel 检验，中介效应显著。综上结果可知，在有借款需求、有劳动能力和有学习能力的三个农户样本中，数字普惠金融对目标农户的财产性收入均存在以信贷可得性为中介变量的中介效应；只有在有劳动能力和有学习能力的目标农户样本中，数字普惠金融对非农经营性收入存在中介效应，且为完全中介效应；在这三个目标农户的样本中，数字普惠金融对农户的工资/创业性收入影响均显著为正，但不存在以信贷可得性为中介变量的中介效应。以上结果在一定程度上证明了数字普惠金融对目标农户收入的中介效应，但针对不同类型收入存在的差异化实证结果，还需后续研究给予更多的支持，以便更加细致地识别其中的影响机制和影响效果。

4.4.4　稳健性及内生性检验

本部分从以下三个方面进行了稳健性检验和内生性检验，结果与上文回归结果基本一致。

（1）替换核心解释变量。

上文采用中国社会科学院农村发展研究所编制的中国县域数字普

惠金融指数（2019 年）对数字普惠金融进行度量。在稳健性检验中，本章将会采用北京大学数字金融研究中心发布的北京大学数字普惠金融指数作为数字普惠金融的代理变量，对本章的上述假设做进一步检验。稳健性检验结果与上文实证结果高度一致，证明本章结论具有稳健性。

（2）添加解释变量滞后项。

考虑到经济因素本身具有惯性，数字普惠金融对农户的信贷可得性和农户收入的影响可能存在路径依赖，从而产生滞后效应。鉴于此，本章在模型中进一步引入数字普惠金融的滞后项，对上文假设做进一步的验证。实证结果表明，确实存在数字普惠金融的滞后影响，但在考虑上述因素后，并不影响本章结论。

（3）选取合适的工具变量。

尽管本书选取的数字普惠金融指数为县域数据，农户数据为微观个体数据，在一定程度上缓解了农户微观数据对县域数字金融的逆向因果问题，但仍不能完全排除变量之间潜在的相关和自相关关系，为了进一步解决由此产生的内生性问题，本书参照张勋等（2019）的做法，选取县域与杭州的空间距离作为数字普惠金融的工具变量，并采用 2SLS 法对上文模型进行检验估计。选取这一工具变量的合理性体现在：首先，县域与杭州市的空间距离并不会影响样本内农户的微观行为，至少不会直接影响，满足外生性要求；其次，县域与杭州市的空间距离会显著影响县域数字普惠金融指数，杭州市作为网商银行的所在地，数字经济的示范区，会对周边城市产生明显的辐射带动作用，满足相关性要求。2SLS 估计的实证结果与上文的回归结果基本一致，OLS 估计并没有过度高估因果处理效应。另外，2SLS 估计的第一阶段结果显示，工具变量与数字普惠金融显著正相关，且第一阶段 F 值均大于 10，故不存在弱工具变量问题。

4.5　小　　结

农村数字普惠金融不应"大水漫灌",而应"精准滴灌",要积极寻求与目标农户的精准对接,既要发挥金融扶贫的功效,又要保障农村金融的可持续发展,让金融真正发挥"造血"功能,为全面推进乡村振兴提供优质支撑。本章基于中国乡村振兴调查(CRRS)数据库,探究了数字普惠金融、目标瞄准与农户增收之间的关系,得出了以下几点结论:首先,数字普惠金融显著增加了有需求、有能力的目标农户的信贷可得性,且对目标农户存在信贷需求侧的放大机制;其次,硬件设备、网络条件和村庄信息网络传递均会影响数字普惠金融对目标农户的瞄准,但在不同目标群体中的影响效果是不同的,硬件设备和网络条件在有借款需求的农户样本中影响最大,村庄信息网络传递在有学习能力的农户样本中影响最大;最后,在有借款需求、有劳动能力和有学习能力的三个农户样本中,数字普惠金融对目标农户的财产性收入均存在以信贷可得性为中介变量的中介效应,在有劳动能力和有学习能力的目标农户样本中,数字普惠金融对非农经营性收入存在完全中介效应,另外,数字普惠金融对农户的工资/创业性收入虽然不存在中介效应,但数字普惠金融对其有显著正向影响。本书的研究结果进一步深化了对金融"造血式"扶贫和"开发式"扶贫的理解,也为制定农村数字普惠金融的发展政策提供了有益参考。

第 5 章

数字普惠金融提高农户
种植业收入的机制研究

保障"种地"农户的金融供给和收入，既是普惠金融的应有之义，亦是共同富裕的关键所在，更是巩固粮食安全的根本之策。本章立足于数字普惠金融发展变化的典型事实，基于中国乡村振兴综合调查（CRRS）数据库中的微观农户数据，考察了数字普惠金融的发展对"种地"农户收入的影响，并从赋能种植业生产链的视角解构了其中的作用机制。研究表明，数字普惠金融近年的发展显著提高了农户的种植业收入，且这种影响主要来自数字普惠金融服务深度的增加；数字普惠金融对农户种植业收入的积极影响主要体现在粮食主产区和普通小农户样本中，在非粮食主产区和家庭农场的样本中并不显著；机制分析结果表明，数字普惠金融通过影响种植业生产链各环节的社会化服务购买，提高了土地生产效率，增加了农户的种植业收入，但这种作用机制在粮食主产区和普通小农户的样本中有所差异。本书的研究在一定程度上对深化农村数字普惠金融服务、保障"种地"农户收入和推进农业高质量发展提供了经验证据和政策启示。

5.1 提 出 问 题

一直以来，"三农"领域融资难、融资贵的问题始终存在，农村基础金融服务依然匮乏是不争的事实。一方面，城乡的二元化结构导致了金融资源在城乡之间的结构性错配，农村地区的金融需求得不到有效满足（胡金焱等，2018；张正平等，2020），成为掣肘农业高质量发展和农业现代化的重要因素；另一方面，进入农村市场的金融资金多投向农业企业、农业合作社和新型农业经营主体等，普通小农户的融资困境仍得不到缓解（He and Miao，2016；马九杰等，2020），但我国"大国小农"的背景又决定了小农户获得金融支持的重要意义。特别是从事农业生产的农户，与非农经营的农户相比更加缺乏抵押物和征信信息，而且农业是与自然相交换的部门，受到自然、地理、季节和人口等不确定性因素影响，这些不确定性也增加了金融机构的信贷成本和信贷风险（周立，2020），使得从事农业生产的"种地"农户面临着更严峻的资金约束。可见，"种地"农户才是普惠金融扶持的重点对象，也是共同富裕实现的关键群体。正如习近平总书记指出的那样，"要建设普惠金融体系，加强对小微企业、'三农'和偏远地区的金融服务"①。不仅如此，在世界百年未有之大变局背景下，粮食安全的"忧患"倍增，提高"种地"农户的收益，激活农户的生产潜力尤为重要（高鸣和姚志，2022）。因此，保障"种地"农户的金融供给和收入，既是普惠金融的应有之义，亦是共同富裕的关键所在，更是巩固粮食安全的根本之策，其重要性可见一斑。

近些年，随着互联网科技和大数据在农村领域的应用，数字普惠金融成为解决农户融资问题的变革性方式（Björkegren and Grissen，2018）。数字普惠金融作为一种新兴的金融模式，以计算机、大数据和云计算等数字技术实现对弱势、小微群体的精准识别，有效提高了金融的触达性和可及性，通过数字化手段和科技力量推动了农村普惠金融的发展（王修华和赵亚雄，2022）。我国在 2021 年的中央一号文件中首次提出了"发展农村数字普惠金融"，在开拓乡村资金来源，解决农村融资问题上，数字普惠金

①　支持农业强国建设　提升金融服务"三农"能力和水平［EB/OL］. 求是网，http：//www.qstheory.cn/qshyjx/2024－02/08/c_1130075897.htm，2024－02－08.

87

融被寄予了厚望。那么，本书的追问在于，近些年数字普惠金融的发展是否缓解了"种地"农户的资金约束，还是投向了回报率更高的农村非农经营者，是否以金融赋能了农业的生产，通过"授人以渔"助力农民增收，还是流向了日常消费，仅仅做到了"授人以鱼"。无疑，对于此类问题的思考和解答，将有助于厘清数字普惠金融在农村地区的发展方向，以及对农业生产和农民增收的作用机制。当然，我们对以上问题的关注更是源于以下典型事实：近年来，以科技化和大数据为标签的互联网银行加大了对农村金融市场的布局，如微众银行依托大数据风控、区块链等金融科技发展农业供应链上下游的金融业务，其"微粒贷"乡村振兴重点帮扶县的贷款规模在2021年已达75亿元；网商银行从2018年开始探索农村数字普惠金融领域，截至2021年底，与全国超过1000个涉农县区展开合作，累计超2000万县域小微经营者和"三农"群体获得网商银行的信贷服务，其推出的"大山雀"卫星遥感信贷技术，已为全国超60万种植户提供信用贷款服务；新网银行也一直积极探索农村数字普惠金融，截至2021年末，该行涉农贷款余额4.44亿元，同比增速291%。[①] 可见，数字普惠金融正在农村地区蓬勃发展。接下来，为更清晰的呈现近些年数字普惠金融对"种地"农户的资金支持，本书基于北京大学数字普惠金融指数[②]（郭峰等，2020）构造了我国粮食主产区和主销区[③]2017~2021年度的数字普惠金融增长变化图，具体构造过程为：首先计算各个省份在2017~2021年度的数字普惠金融指数增长率 $(Y_t - Y_{t-1})/Y_{t-1}$，并据此计算出粮食主产区和主销区各省份增长率的平均值。如图5-1所示，以此展示数字普惠金融发展变化的现实情况。

---

① 资料来源：微众银行、网商银行及新网银行在2021年的年报。

② 选取北京大学数字普惠金融指数的原因：一是该数据库直接核算了各省份的数字普惠金融指数，数据更加准确，无须重新计算；二是记录了从2012~2021年的指数数据，可以更好地展示指数随时间的变化趋势。

③ 粮食主产区包括辽宁省、河北省、山东省、吉林省、内蒙古自治区、江西省、湖南省、四川省、河南省、湖北省、江苏省、安徽省、黑龙江省13个省（区）；主销区包括北京市、天津市、上海市、浙江省、福建省、广东省、海南省7个省（市）。

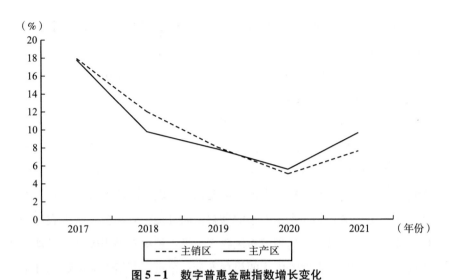

图 5 - 1　数字普惠金融指数增长变化

资料来源：北京大学数字普惠金融指数数据库和作者计算。

从上述典型事实中可以看到，数字普惠金融增长率从 2017 年开始下降，直到 2020 年有所回升，这与我国 2016 年末互联网金融进入了强监管时代[①]有关，大量的涉农数字金融平台公司在 2016 年关停（崔恒瑜等，2021），直到近几年对于互联网金融和平台经济的整顿接近尾声，数字金融发展速度又有所回升。另外，对比粮食主销区和主产区的数字普惠金融发展情况，不难发现，在 2019 年以前，主销区数字普惠金融增长率一直明显高于粮食主产区，但 2019 年以后，数字普惠金融开始在粮食主产区迅速增长，并超过了粮食主销区，且差距有进一步扩大的趋势。虽然，数字普惠金融指数在粮食主销区的绝对数值普遍较高，但近些年增长乏力也是事实，而在粮食主产区的发展势头却不减反增。这一事实也引申出本书的理论推测：数字金融的发展正在缓解"种地"农户的资金需求，并可能助力了农民增收，然而其内在机理还有待进一步挖掘。有鉴于此，本书将

---

①　2016 年 10 月，国务院办公厅印发《互联网金融风险专项整治工作实施方案》，随后又发布了《P2P 网络借贷风险专项整治工作实施方案》《网络借贷信息中介机构备案登记管理指引》《网络借贷资金存管业务指引》等监管文件，数字金融进入了严格监管时代。

基于中国乡村振兴调查（CRRS）数据库中的农户数据，考察数字普惠金融的发展对农户种植业收入的影响，以及在不同分组间的异质性影响，并从赋能种植业全生产链的视角解构其中的作用机制，借以为我国农业生产和农民增收提供一定的政策建议。

本章可能的贡献在于：第一，聚焦于"种地"农户，考察数字普惠金融发展对农户种植业收入的影响，试图架构"普惠金融—农户增收"的逻辑思路，并为此提供更具代表性的经验证据；第二，紧扣研究主题，细致化地考察了数字普惠金融对粮食主产区以及普通小农户的组间差异影响，不仅加深了对普惠金融和共同富裕关系的理解，而且探究对粮食主产区农户种植业收入的影响，可以为提高种粮农民收入、维护种粮农民积极性提供现实依据和政策建议，有利于保障国家的粮食安全；第三，探索性地从赋能种植业生产链的视角，关注"数字普惠金融—购买社会化服务—农户种植业收入"三者之间的逻辑链条，并分别从耕地、播种、打药、施肥、排灌水、收获运输这六个生产环节中探寻经验证据，而据我们所知，现有文献尚未从该视角展开过系统研究；第四，立足于数字普惠金融发展变化的客观事实，不同于以往文献，本书采用数字普惠金融指数增长率作为数字普惠金融发展的代理变量，更加准确地反映了数字普惠金融近些年的变化对农户种植业收入的影响。

本章后续内容的结构安排如下：第二部分为理论分析，并从中推导出可供实证检验的研究假说；第三部分为研究设计，主要包括模型构建、变量说明、数据来源与描述性统计；第四部分为实证结果分析，主要有基准模型检验、稳健性和内生性检验，并基于模型进行了分样本检验和机制检验；第五部分为总结。

5.2 理论分析与研究假说

5.2.1 数字普惠金融对农户种植业收入的影响

数字普惠金融借助数字技术实现资金融通、支付、投资和信息中介等服务，通过降低服务门槛，优化资源配置，提高了金融的普惠性（Pan et al.，2016；何婧和李庆海，2019），并以大数据和互联网技术解决了农户与金融机构的信息对称问题（张贺和白钦先，2018），改善了农村地区的金融排斥，增加了农户的信贷可得性（Kapoor，2014；宋晓玲，2017；王修华和赵亚雄，2022），从而使农村居民也享受到金融服务（Burgess and Pande，2005），尤其是农业 GDP 占比更高地区的农村居民（李健军等 2020）。近些年，随着我国互联网和通讯设施的普及，数字普惠金融正在以大数据和科技力量为农户提供金融贷款服务，助力了农业生产和农民增收。例如，网商银行开发的"大山雀"卫星遥感信贷技术，通过识别农作物的长势，利用几十个风控模型预估产量和价值，为农户提供合理的信贷额度，截至 2024 年 8 月底，"大山雀"可以识别 16 大农产品，并覆盖全国 31 个省、自治区、直辖市，有 178 万种植户[①]享受到了科技带来的普惠服务；微众银行通过大数据及区块链发展农业供应链上下游的金融业务，以数字科技为依托发展供应链金融，为农户和种植大户提供农资、农机贷款服务。此类金融创新及对传统金融的带动作用（田杰，2020）显著提高了农村地区，特别是种植业发达的农村地区的数字金融普及度，不仅拓展了农业部门的资本要素来源（孙学涛等，2022），为农业生产提供了资金，同时也推动了农业种植业生产的机械化和科技化水平，促进了我国种植业的高质量发展（张合林和王颜颜，2021；钟真等，2021），并以此提高了农户的种植业收入。基于此，本书提出假设 5 - 1。

假设 5 - 1：数字普惠金融将提高农户的种植业收入。

5.2.2　数字普惠金融对农户种植业收入影响的组间差异

我国在 2001 年开展的粮食流通体制改革中，将 31 个省（区、市）划分为粮食主产区、产销平衡区和主销区三大功能区，根据 2010 年 12 月国

---

① 资料来源：2024 年中国普惠金融国际论坛。

务院发布实施的《全国主体功能区规划》，将主产区的发展任务定位为"从保障国家农产品安全以及中华民族永续发展的需要出发，把增强农业综合生产能力作为发展的首要任务。"可见，提高粮食主产区的生产能力，保证种地农户的收益是现阶段确保国家粮食安全的根本之策（高鸣和姚志，2022）。数字普惠金融在农业种植业地区的快速发展，缓解了传统金融机构的地区歧视（彭澎和徐志刚，2021；孙学涛等，2022），优化了粮食主产区的金融供给模式，提高了粮食种植业的资金供给，进而增加了主产区农户的种植业收入。另外，现阶段，农信社转制和农村金融市场化改革虽然显著提高了传统金融支农水平，但传统金融支农的主要受益对象仍是新型农业经营主体，普通农户的融资困境并没有缓解（马九杰等，2020），相比于家庭农场、合作社和农业经营主体，普通农户在农业生产中面临着更大的资金约束困境。近些年，随着互联网技术和大数据在农村领域的应用，数字普惠金融凭借信息和科技优势实现了对弱势、小微群体的精准识别，解决了普通小农户与金融机构之间的信息对称问题，特别是缓解了低物质资本和低社会资本农户的信贷约束（张勋等，2019），让普通农户有更多的资金投入到农业生产中，提高了小农户的收入水平。基于此，本书提出假设 5 - 2。

假设 5 - 2a：数字普惠金融对粮食主产区的农户种植业收入影响更显著。

假设 5 - 2b：数字普惠金融对普通小农户的种植业收入影响更显著。

5.2.3　数字普惠金融对农户种植业收入的影响机制

农业社会化服务，是指在社会分工和商品交换的前提下，农业经营主体因无法自我完成所有生产经营活动，而需要借助其他主体来实现农业生产经营目标所形成的物化或非物化的产品（黄佩民等，1996）。党的十八大以来，强化农业社会化服务被提高到了一个新的高度，是实现我国农业高质量发展和中国式农业现代化的重要举措（钟真等，2021），也是实现小农户与现代农业有机衔接的关键所在。数字普惠金融在农业种植业领域的发展，为农户提供了购买社会化服务的资金来源，农户通过购买种植业生产过程中的社会化服务，优化了劳动配置，强化了分工效率，推动了农业生产方式的转变，并最终提高了土地生产效率（赵鲲，2016；孔祥智等，2020）和种植业全生产链条的专业化水平（Tang et al.，2018；钟真等，2021）。我国农业社会化服务经过多年的发展，已经覆盖到种植业生产链的各个环节，本书将种植业（主要是粮食作物）的生产链归纳为耕地、播种、打药、施肥、排灌水、收获运输六个环节，数字普惠金融为农户提供了购买服务的资金来源，提升了各个生产环节的社会化服务水平，以专业化、机械化和科技化服务提高了土地生产效率，通过赋能种植业全生产链条，带动农户种植业收入的增加。上述逻辑关系如图 5－2 所示，综上所述，本书提出假设 5－3。

假设 5－3：数字普惠金融通过影响种植业生产链各环节的社会化服务购买，提高了土地生产效率，增加了农户的种植业收入。

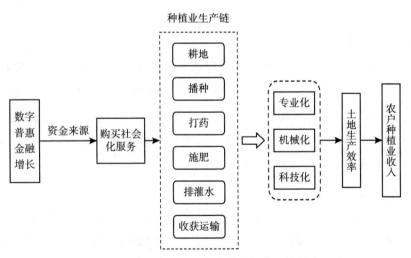

图 5－2　数字普惠金融对农户种植业收入的影响机制

5.3 研究设计

5.3.1 模型构建与变量选取

为考察数字普惠金融对农户种植业收入的影响和异质性影响，对假设 5-1 和假设 5-2 进行实证检验，本书参照仇焕广等（2017）和查里等（Chari et al.，2021）的方法，构建如下模型（5-1）：

$$CI_i = \alpha_0 + \alpha_1 DIF_c + \alpha_2 HH_i + \alpha_3 VS_v + \mu_p + \varepsilon_1 \qquad (5-1)$$

其中，CI_i 为被解释变量，表示农户家庭种植业收入，DIF_c 为核心解释变量，表示数字普惠金融发展，HH_i 和 VS_v 分别表示农户特征和村庄特征的控制变量，μ_p 为区域固定效应，ε_1 为随机扰动项。α_0 为常数项，α_1、α_2 和 α_3 为待估计系数，下标 i、v、c 和 p 分别表示农户、村庄、县域和省份。

（1）被解释变量。

本书聚焦于数字普惠金融对"种地"农户收入的影响，因此选取农户的家庭种植业收入作为被解释变量，此处的种植业收入为扣除经营成本（或生产成本）后的纯收入。农业经营成本是指生产过程中各种要素投入成本，例如种苗、化肥、农药、灌溉、机械、雇工等，但农业经营者自身的用工投入通常不计入经营成本。

（2）解释变量。

本章以中国社会科学院农村发展研究所编制的中国县域数字普惠金融指数（冯兴元等，2021）为基础对数字普惠金融的发展进行度量，该指数是基于网商银行开展的县域数字普惠金融业务数据编制而成，网商银行深耕农村数字金融服务多年，在数字化服务、地域覆盖率、产品种类方面具有绝对优势，在全国范围内具有较强的代表性，选取该指数能更好地体现数字普惠金融在农村地区的发展。但与以往研究不同之处在于，本章将采用数字普惠金融总体增长率作为数字普惠金融发展的代理变量，具体公式为：（本年度数字普惠金融总指数 – 去年度数字普惠金融总指数）/ 去年度数字普惠金融总指数，进一步的本章还将数字普惠金融的服务广度、服务深度和服务质量的指数增长率纳入模型内，讨论数字普惠金融的各个维度变化对农户种植业收入的影响。上述做法可以清晰地刻画出近些年数字普惠金融在不同地区的发展变化，并考察这种"变化"对"种地"农户收入的影响，从而呼应本章立意的典型事实，提高回归的准确度和可信度。以往文献中也不乏学者采用此种处理方式探究经济问题（都阳和封永刚，2021；马昭君和葛新权，2023；肖维泽和纪明，2023）。

（3）控制变量。

为了尽可能地解决由于遗漏变量造成的偏误问题，计量模型还加入了一系列控制变量。参照李晓静等（2020）、周力和沈坤荣（2022）的思路，本章选取了农户特征变量和村庄特征变量作为控制变量。其中，农户特征变量包括：户主性别（男性为 1，女性为 0）、户主年龄、户主受教育程度、家庭人口参与农业劳动时间；村庄特征变量包括：村庄人均可支配收入、村庄设施农业生产亩数、村庄合作社数量。

为了进一步考察数字普惠金融对农户种植业收入的影响机制，验证假设 5 – 3 的合理性，本章在模型（5 – 1）的基础上，引入数字普惠金融与购买社会化服务的交互项，以此检验数字普惠金融是否通过影响农业生产各环节的社会化服务购买，作用于农户的种植业收入，具体模型设定如下：

$$CI_i = \beta_0 + \beta_1 DIF_c + \beta_2 PS_i + \beta_3 DIF_c \times PS_i + \beta_4 HH_i + \beta_5 VS_v + \mu_p + \varepsilon_1$$

$$(5-2)$$

模型（5 – 2）中，PS_i 代表社会化服务购买，以耕地、播种、打药、施肥、排灌水和收获运输这六个种植业生产环节中的购买服务支出作为其代理变量。$DIF_c \times PS_i$ 为数字普惠金融与生产链各环节中社会化服务购买的交互项，本章将重点关注系数 β_3 的方向和大小。其余变量含义上文已做解释，不再赘述。

5.3.2 数据来源与描述性统计

本章主要使用了以下两套数据：一是中国乡村振兴调查（CRRS）数据库。该数据库是中国社会科学院农村发展研究所建设的，是依托中国社会科学院重大经济社会调查项目《乡村振兴综合调查及中国农村调查数据库建设》开展的一项全国大型农村追踪调查。项目组根据我国不同地区的经济发展水平、区域位置和农业发展情况，分别从东部、中部、西部和东北地区抽取调查样本，调查范围覆盖我国广东、浙江、山东、黑龙江等10个省份、50个县（市、区）、150个乡（镇）、308个行政村和3833户农户，包括了农户和村庄两部分的调查问卷，在全国范围内具有较强代表性。该数据库曾被多位学者（杜鑫，2021；芦千文和杨义武，2022）运用到农村经济领域的研究中。本章使用的农户种植业收入、种植业生产各环节的购买服务支出、农户特征和村庄特征变量均出自该数据库。二是中国县域数字普惠金融指数（2019年）。该指数同样为中国社会科学院农村发展研究所的研究成果，其利用网商银行在全国1884个县（县级市、旗）的业务数据和这些县域的社会经济统计数据，测度了2017~2019年中国县域数字普惠金融发展指数，并从数字普惠金融的服务广度、服务深度、服务质量三个维度全面刻画了中国县域数字普惠金融的指标得分。本章构造的数字普惠金融发展的代理变量基于该数据库2018年及2019年的数据获得。表5-1汇报了本章主要变量的名称、标识和含义，并对样本数据进行描述性统计。

表5-1　　　　　　　　　　变量定义及描述性统计

变量名称	变量标识	变量含义	均值	标准差
种植业收入	CI	农户家庭种植业收入（万元）	0.926	3.630
数字普惠金融总体增长率	DIF	（2019年数字普惠金融总指数－2018年数字普惠金融总指数）/2018年数字普惠金融总指数	0.387	0.125

变量名称	变量标识	变量含义	均值	标准差
数字普惠金融服务广度增长率	*DIF – SB*	(2019 年数字普惠金融服务广度 – 2018 年数字普惠金融服务广度)/2018 年数字普惠金融服务广度	0.548	0.237
数字普惠金融服务深度增长率	*DIF – SD*	(2019 年数字普惠金融服务深度 – 2018 年数字普惠金融服务深度)/2018 年数字普惠金融服务深度	0.524	0.156
数字普惠金融服务质量增长率	*DIF – SQ*	(2019 年数字普惠金融服务质量 – 2018 年数字普惠金融服务质量)/2018 年数字普惠金融服务质量	0.056	0.050
耕地购买服务	*PS – CL*	农户耕地过程中购买服务总支出(万元)	0.056	0.324
播种购买服务	*PS – S*	农户播种过程中购买服务总支出(万元)	0.027	0.447
打药购买服务	*PS – AM*	农户打药过程中购买服务总支出(万元)	0.010	0.071
施肥购买服务	*PS – AF*	农户施肥过程中购买服务总支出(万元)	0.013	0.271
排灌水购买服务	*PS – DI*	农户排灌水过程中购买服务总支出(万元)	0.024	0.205
收获运输购买服务	*PS – HT*	农户收获运输过程中购买服务总支出(万元)	0.090	0.366
性别	*Gender*	户主性别,男性为 1,女性为 0	0.933	0.249
年龄	*Age*	户主年龄(岁)	55.020	11.237
教育程度	*Edu*	户主受教育年限(年)	7.822	3.218
家庭人口参与农业劳动时间	*LH*	农户家庭人口参与农业生产的劳动总时间(天)	106.639	114.128
村庄人均可支配收入	*PCDI*	农户所在村庄的人均可支配收入(万元)	1.544	1.746

变量名称	变量标识	变量含义	均值	标准差
村庄设施农业生产亩数	*FAP*	农户所在村庄的设施农业生产的数量（亩）	235.270	1556.172
村庄合作社数量	*RC*	农户所在村庄的合作社数量（个）	3.350	4.080

5.4　实证结果

为验证上述假设，本章的实证策略主要着眼于如下四方面：一是采用 OLS 估计法检验数字普惠金融对农户种植业收入的基准影响；二是通过替换核心解释变量、PSM 倾向得分匹配法和 2SLS 工具变量法解决基准回归的稳健性和内生性问题，综上对假设 5-1 进行验证；三是基于是否粮食主产区和是否家庭农场的分组，对子样本进行回归，验证假设 5-2 的合理性；四是通过交互项模型，考察数字普惠金融对农户种植业收入的影响机制，并对假设 5-3 进行验证。

5.4.1　数字普惠金融对农户种植业收入的影响：基准回归

表 5-2 报告了模型（5-1）的 OLS 估计结果，其中，（1）列至（4）列为不添加控制变量的回归结果，结果显示数字普惠金融总体增长率（*DIF*）和数字普惠金融服务深度增长率（*DIF-SD*）的系数显著为正，但服务广度增长率（*DIF-SB*）和服务质量增长率（*DIF-SQ*）系数并不显著，表明数字普惠金融的增长显著提高了农户的种植业收入，并主要通过服务深度的增加来实现。（5）列至（8）列为添加农户特征变量和村庄特征变量，并控制区域固定效应后的实证结果，可以看到，数字普惠金融总体增长率（*DIF*）系数为 0.970，在 5% 置信水平下显著为正，数字普惠金融服务深度增长率（*DIF-SD*）的系数为 1.896，在 1% 水平下显著为

正，除此之外，服务广度增长率（$DIF-SB$）和服务质量增长率（$DIF-SQ$）的系数仍不显著。以上结果表明，数字普惠金融显著提高了农户的种植业收入，且这种影响主要是通过服务深度的增加来实现，而数字普惠金融服务深度的增长主要体现为农户在数字授信、信贷、保险等方面实际获得数额的增加。可见，只有当农户真正有效地获得并使用了金融服务，才会切实将资金转移到农业部门［这也与王修华和赵亚雄（2022）的观点一致］，增加农业生产的资金来源，从而提高农户的种植业收入。综上所述，假设 5 – 1 得到初步验证。

表 5 – 2　　数字普惠金融对农户种植业收入的影响：基准回归结果

变量	CI							
	(1)	(2)	(3)	(4)	(5)	(6)	(7)	(8)
DIF	0.872 * (0.492)				0.970 ** (0.480)			
DIF – SB		0.210 (0.260)				0.312 (0.266)		
DIF – SD			1.648 *** (0.394)				1.896 *** (0.652)	
DIF – SQ				– 0.120 (1.234)				0.876 (1.496)
Gender					– 0.031 (0.260)	– 0.034 (0.260)	– 0.054 (0.260)	– 0.038 (0.260)
Age					– 0.034 *** (0.006)	– 0.036 *** (0.006)	– 0.033 *** (0.006)	– 0.034 *** (0.006)
Edu					0.004 (0.020)	0.005 (0.020)	0.009 (0.020)	0.005 (0.020)
LH					0.004 *** (0.001)	0.004 *** (0.001)	0.004 *** (0.001)	0.004 *** (0.001)

变量	CI							
	(1)	(2)	(3)	(4)	(5)	(6)	(7)	(8)
PCDI					0.019 (0.039)	0.018 (0.039)	0.010 (0.039)	0.016 (0.039)
FAP					−0.001 (0.001)	0.001 (0.001)	0.001 (0.001)	0.001 (0.001)
RC					0.020 (0.017)	0.020 (0.017)	0.019 (0.017)	0.021 (0.017)
区域效应					Yes	Yes	Yes	Yes
常数项	0.540 *** (0.202)	0.764 *** (0.157)	0.012 (0.217)	0.887 *** (0.094)	2.475 *** (0.581)	2.811 *** (0.537)	1.821 *** (0.579)	2.718 *** (0.487)
N	3140	3140	3140	3140	3105	3105	3105	3105
R²	0.001	0.002	0.006	0.001	0.041	0.041	0.043	0.041

注：*、**和***分别表示在10%、5%和1%的置信水平下显著；括号内为稳健标准误；下同。

5.4.2 数字普惠金融对农户种植业收入的影响：稳健性和内生性检验

本章在基准回归模型中虽然控制了一系列农户和村庄特征变量，试图让模型能更准确地识别数字普惠金融对农户种植业收入的影响，但由于变量和模型选取方面的不可观测差异，以及变量之间存在的相关和自相关特征，导致结果可能出现偏误，本章将进一步通过替换核心解释变量、PSM倾向得分匹配法和2SLS工具变量法进行稳健性和内生性检验。

（1）替换核心解释变量。

本章采用数字普惠金融总体增长率作为数字普惠金融发展的代理变量，为避免对核心变量的选择性偏差，接下来将基于调查问卷中"您家购买种苗、化肥、饲料等农资产品首选的支付方式是什么"的问题，将农户答案为微信、支付宝、蚂蚁花呗和京东白条的赋值为 1，答案为现金、储蓄卡、云闪付和手机支付客户端的赋值为 0，将农户的数字支付（PAP）作为数字普惠金融的代理变量。表 5 - 3 汇报了替换核心解释变量，依次加入农户和村庄特征变量，并控制区域固定效应后的基准模型回归结果，不难发现，数字普惠金融（PAP）的系数均显著为正，表明数字普惠金融显著增加了农户的种植业收入，本章假设 5 - 1 的结论具有稳健性。

表 5 - 3   **稳健性检验：替换核心解释变量回归结果**

变量	CI			
	（1）	（2）	（3）	（4）
PAP	0. 629 *** (0. 143)	0. 405 *** (0. 148)	0. 399 *** (0. 149)	0. 315 ** (0. 150)
Gender		0. 056 (0. 257)	0. 068 (0. 357)	− 0. 015 (0. 257)
Age		− 0. 032 *** (0. 006)	− 0. 031 *** (0. 006)	− 0. 034 *** (0. 006)
Edu		0. 001 (0. 021)	− 0. 001 (0. 021)	− 0. 013 (0. 021)
LH		0. 004 *** (0. 001)	0. 004 *** (0. 001)	0. 005 *** (0. 001)
PCDI			0. 065 * (0. 035)	0. 047 (0. 036)
FAP			− 0. 001 (0. 001)	0. 001 (0. 001)
RC			0. 013 (0. 016)	0. 023 (0. 016)
区域效应				Yes
常数项	0. 792 *** (0. 072)	2. 090 *** (0. 471)	1. 917 *** (0. 475)	2. 804 *** (0. 500)

续表

变量	CI			
	（1）	（2）	（3）	（4）
N	3471	3450	3436	3436
R^2	0.006	0.029	0.030	0.047

（2）PSM 倾向得分匹配法。

上文采用数字支付作为数字普惠金融的代理变量，但农户是否选择数字支付方式是农户的"自选择"结果，忽略"自选择"问题将会导致估计结果的偏差，而倾向得分匹配法（PSM）是常用的处理"自选择"问题的方法（李晓静等，2020；芦千文和杨义武，2022），常用的匹配方法有近邻匹配、核匹配、半径匹配等。表 5-4 汇报了采用倾向得分匹配法的实证结果，从匹配后的结果看，以近邻匹配（$k=1$）为例，采用数字支付方式的农户种植业收入为 1.412 万元，而未采用数字支付方式的农户种植业收入仅为 0.847 万元，二者差异在 5% 的水平上显著，与运用半径匹配和核匹配得到的结果基本一致，以上结果表明采用数字支付方式显著提高了农户的种植业收入，也意味着基准回归结果并不依赖于特定计量模型方法，可见，假设 5-1 结论是稳健的。

表 5-4　　　　　　　稳健性检验：PSM 倾向得分匹配法实证结果

匹配方法	处理组	控制组	差异	T 值
近邻匹配（$k=1$）	1.412	0.847	0.565 **	2.49
半径匹配（半径 =0.01）	1.414	0.995	0.419 **	2.03
核匹配	1.412	1.027	0.386 *	1.90

（3）2SLS 工具变量法。

尽管本章选取的数字普惠金融指数增长率为县域数据，农户种植业收入为微观个体数据，在一定程度上缓解了农户微观特征对数字普惠金融的逆向因果问题，但仍不能完全排除变量之间潜在的相关和自相关关系，为了进一步解决由此产生的内生性问题，本章将选取合适的工具变量并采用 2SLS 法对模型（5-1）进行检验估计。借鉴王修华和赵亚雄（2020）的思路，本章将首先收集市域内除样本县以外的其他县域的数字普惠金融指数，在此基础上计算其他县域的指数增长率，并以其他县域指数增长率的平均值作为工具变量，分别构建了数字普惠金融总体增长率（DIF）、数字普惠金融服务广度增长率（$DIF-SB$）、数字普惠金融服务深度增长率（$DIF-SD$）和数字普惠金融服务质量增长率（$DIF-SQ$）的工具变量。选取该工具变量，满足外生性和相关性要求：首先，其他县域数字普惠金融指数的增长，并不会影响样本县的农户种植业收入，至少不会直接影响，满足外生性要求；其次，同一市内各个县域面临着相似的经济形势、市场环境和政策驱动，各个县域数字普惠金融的发展具有较强的相关性。表 5-5 汇报了采用 2SLS 工具变量法的实证结果。其中（1）列至（4）列为第一阶段实证结果，可以看到工具变量的系数均在 1% 水平上显著为正，且第一阶段 F 值均大于 10，说明选取的工具变量对样本县数字普惠金融的增长具有很好的解释力度，工具变量是有效的。（5）列至（6）列为第二阶段实证结果，可以看到，加入工具变量后数字普惠金融总体增长率（DIF）与数字普惠金融服务深度增长率（$DIF-SD$）的系数显著为正，与表 5-2 中的基准回归结果吻合。此外，本章进一步采用农户所在县域距离杭州市的公里数作为工具变量，对基准模型做进一步检验，表 5-6 汇报了 2SLS 的实证结果，与基准回归结果基本一致[①]。综上所述，本章采用多种方式证明了假设 5-1 结论的合理性和稳健性。

---

　　①　此处的工具变量与总指数、两个分指数都有显著关系，只是与 $DIF-SQ$ 的关系不显著，并不影响整体结果。且书中也用另外的工具变量验证了基础回归结果的稳健性。

表 5 - 5　　内生性检验：以其他县域指数增长率的平均值为
工具变量的 2SLS 实证结果

变量	第一阶段				第二阶段			
	(1)	(2)	(3)	(4)	(5)	(6)	(7)	(8)
	DIF	DIF－SB	DIF－SD	DIF－SQ	CI	CI	CI	CI
IV－DIF	0.461*** (0.015)							
IV－DIF－SB		0.618*** (0.018)						
IV－DIF－SD			0.468*** (0.018)					
IV－DIF－SQ				0.760*** (0.020)				
DIF					3.938** (1.767)			
DIF－SB						0.920 (0.679)		
DIF－SD							1.849*** (0.503)	
DIF－SQ								4.522 (2.615)
控制变量	Yes	Yes	Yes	Yes	Yes	Yes	Yes	Yes
区域效应	Yes	Yes	Yes	Yes	Yes	Yes	Yes	Yes
常数项	0.206*** (0.011)	0.244*** (0.023)	0.247*** (0.015)	0.033*** (0.005)	1.246 (0.829)	2.161*** (0.648)	1.844 (1.122)	2.540*** (0.491)
N	3105	3105	3105	3105	3105	3105	3105	3105
R^2	0.743	0.646	0.712	0.556	0.036	0.038	0.043	0.036
第一阶段 F 值 (P 值)	907.49 (0.000)	1239.20 (0.000)	709.79 (0.000)	1498.90 (0.000)				

表 5-6　　内生性检验：以距离杭州的公里数为工具变量的 2SLS 实证结果

变量	第一阶段				第二阶段			
	(1)	(2)	(3)	(4)	(5)	(6)	(7)	(8)
	DIF	*DIF - SB*	*DIF - SD*	*DIF - SQ*	*CI*	*CI*	*CI*	*CI*
IV - HZ	-0.107 *** (0.009)							
IV - HZ		-0.260 *** (0.021)						
IV - HZ			-0.101 *** (0.012)					
IV - HZ				-0.012 (0.015)				
DIF					9.205 ** (4.056)			
DIF - SB						3.774 (2.287)		
DIF - SD							9.816 ** (4.468)	
DIF - SQ								20.736 (18.065)
控制变量	Yes	Yes	Yes	Yes	Yes	Yes	Yes	Yes
区域效应	Yes	Yes	Yes	Yes	Yes	Yes	Yes	Yes
常数项	0.665 *** (0.026)	1.328 *** (0.060)	0.220 *** (0.034)	-0.002 (0.015)	-0.759 (1.620)	0.350 (1.166)	-7.526 *** (2.234)	-5.222 *** (1.650)
N	3105	3105	3105	3105	3105	3105	3105	3105
R^2	0.682	0.528	0.655	0.342	0.009	0.005	0.002	0.007
第一阶段 F 值 （P 值）	143.22 (0.000)	159.41 (0.000)	73.88 (0.000)	5.61 (0.018)				

5.4.3 数字普惠金融对农户种植业收入影响的组间差异

为回应数字普惠金融在粮食主产区发展的典型事实，并印证数字金融对小农户的普惠性，本章将进一步甄别数字普惠金融在是否粮食主产区和是否家庭农场分组中的差异化影响，并验证假设 5 – 2。首先，根据农户所在省份，将样本划分为粮食主产区和非粮食主产区两个子样本，并利用模型（5 – 1）进行 OLS 估计，结果见表 5 – 7。其中，（1）列至（4）列为粮食主产区回归结果，（5）列至（8）列为非粮食主产区回归结果。可以看到，在粮食主产区内，数字普惠金融总体增长率（DIF）、数字普惠金融服务广度增长率（$DIF – SB$）、数字普惠金融服务深度增长率（$DIF – SD$）的系数均显著为正，而在非粮食主产区内，以上系数均不显著。上述结果表明，数字普惠金融对农户种植业收入的影响主要体现在粮食主产区内，且通过服务广度和深度的增加提高了农户的种植业收入，而在非粮食主产区，数字普惠金融的发展对农户种植业收入的影响轻微，也印证了近些年数字普惠金融在粮食主产区快速发展的客观现实。

表 5 – 7　　　　数字普惠金融对农户种植业收入影响的组间差异：
是否粮食主产区分组

变量	CI							
	粮食主产区				非粮食主产区			
	（1）	（2）	（3）	（4）	（5）	（6）	（7）	（8）
DIF	1.822 ** (0.792)				3.005 (2.164)			
$DIF – SB$		0.907 ** (0.433)				0.278 (0.954)		
$DIF – SD$			1.271 ** (0.594)				2.726 (1.868)	

续表

变量	CI							
	粮食主产区				非粮食主产区			
	(1)	(2)	(3)	(4)	(5)	(6)	(7)	(8)
DIF - SQ				1.034 (2.148)				1.483 (2.247)
控制变量	Yes	Yes	Yes	Yes	Yes	Yes	Yes	Yes
区域效应	Yes	Yes	Yes	Yes	Yes	Yes	Yes	Yes
常数项	2.330 *** (0.629)	2.479 *** (0.583)	1.769 *** (0.607)	2.440 *** (0.537)	0.640 (1.125)	1.205 (1.062)	-0.072 (1.229)	1.351 (1.029)
N	1672	1672	1672	1672	1433	1433	1433	1433
R^2	0.090	0.090	0.092	0.090	0.022	0.021	0.024	0.021

进一步地，本章根据农户是否登记为家庭农场，将样本划分为家庭农场和普通小农两个子样本，表 5 - 8 汇报了数字普惠金融在家庭农场和普通小农之间的异质性影响，（1）列至（4）列为家庭农场样本回归结果，（5）列至（8）列为普通小农样本的回归结果。实证结果表明，数字普惠金融对普通小农的种植业收入影响显著，除数字普惠金融服务质量增长率（*DIF - SQ*）外，数字普惠金融总指数增长率（*DIF*）、数字普惠金融服务广度增长率（*DIF - SB*）和数字普惠金融服务深度增长率（*DIF - SD*）的系数均显著为正，而对属于家庭农场的农户种植业收入影响均不显著。上述结果证实了数字金融对普通小农的普惠性，特别是与表 5 - 2 的基准回归结果相比，数字普惠金融服务广度增长率（*DIF - SB*）系数在 10% 水平下显著为正，表明数字普惠金融凭借科技和大数据优势，扩大了授信对象覆盖范围，通过服务广度的增加，实现了对弱势、小微群体的覆盖识别，从而让金融惠及普通小农，提高了普通农户在农业生产中的金融可得性，进而增加了小农户的种植业收入。综上，实证结果与理论预期一致，假设 5 - 2 得到验证。

表 5 – 8 　　　　　　 数字普惠金融对农户种植业收入影响的组间差异:
家庭农场与小农户分组

变量	CI							
	家庭农场				普通小农			
	(1)	(2)	(3)	(4)	(5)	(6)	(7)	(8)
DIF	5.490 (18.982)				0.965 ** (0.420)			
DIF – SB		– 2.157 (7.623)				0.304 * (0.162)		
DIF – SD			8.545 (6.872)				1.344 *** (0.420)	
DIF – SQ				– 1.660 (31.691)				1.107 (0.975)
控制变量	Yes	Yes	Yes	Yes	Yes	Yes	Yes	Yes
区域效应	Yes	Yes	Yes	Yes	Yes	Yes	Yes	Yes
常数项	19.335 (13.955)	21.820 (13.231)	6.723 (15.174)	21.021 (13.001)	1.738 *** (0.377)	1.966 *** (0.349)	1.282 *** (0.373)	1.901 *** (0.315)
N	107	107	107	107	2939	2939	2939	2939
R^2	0.134	0.134	0.160	0.133	0.078	0.078	0.081	0.078

5.4.4　数字普惠金融对农户种植业收入的影响机制

根据假设 5 – 3 的设定,对于影响机制的检验将主要着眼于数字普惠金融是否影响了种植业生产链六个环节中的社会化服务购买,在模型(5 – 2)中也构建了数字普惠金融与社会化服务购买的交互项,本章将通过估计交乘项的系数来识别这一机制。观察前文的实证结果,数字普惠金融服务深度增长率(DIF – SD)的系数和显著性水平均较高,且在现实情况中,只有农户真正有效地获得并使用了金融服务,才能将资金投入农业

生产活动中，从而提高农户的种植业收入，因此，服务深度的增加能够更
直接地体现数字普惠金融对农业生产的影响。有鉴于此，本章在机制考察
中将仅采用数字普惠金融服务深度增长率（$DIF - SD$）作为数字普惠金融
的代理变量，并分别在粮食主产区和普通小农户的样本中进行实证检验，
以此更清晰地呈现数字普惠金融的赋能机制，并比较不同样本间的作用机
制差异，以便提出更具针对性的政策建议。表 5 - 9 汇报了在粮食主产区
样本中影响机制的实证结果，（1）列至（6）列依次展示了耕地、播种、
打药、施肥、排灌水和收获运输生产环节的实证结果，不难发现，除了
（1）列耕地购买服务与数字普惠金融服务深度增长率交乘项（$DIF - SD \times$
$PS - CL$）系数显著为负，其他环节的购买服务与数字普惠金融服务深度
增长率交乘项系数均显著为正，且在（2）列至（6）列中，数字普惠金
融服务深度增长率（$DIF - SD$）的系数变得不显著，说明数字普惠金融的
作用被交互项的效应所吸收，表明数字普惠金融对农户种植业收入的影响
主要通过增加了生产环节的购买服务支出来实现。至于在（1）列的耕地
环节中，交乘项（$DIF - SD \times PS - CL$）系数在 1% 水平上显著为负，说明
通过在耕地环节增加购买服务支出，反而会降低数字普惠金融对农户种植
业收入的影响。但数字普惠金融服务深度增长率（$DIF - SD$）对农户种植
业收入的直接影响仍显著为正，系数为 1.385。可能的原因在于，对于种
植业发达的粮食主产区，很多地区的耕地环节已实现机械化，在种植面积
较大时，农户可能会更倾向于直接购买农机用于耕地，而不是选择购买机
械化服务。李宁等（2020）的研究成果也表明，随着农地经营规模的扩
大，购买服务受到交易成本上升的约束，出现规模效应递减，从而使农业
经营者从购买农机作业服务过渡到农机的自购使用。所以数字普惠金融对
耕地生产环节的赋能，并不是通过增加了社会化服务购买来实现，也有可
能通过增加了农机的购买来影响农业生产，后续还可展开更具针对性的
研究。

表5-9　　　　数字普惠金融对农户种植业收入的影响机制：
粮食主产区样本实证结果

变量	CI					
	(1)	(2)	(3)	(4)	(5)	(6)
$DIF-SD$	1.385 ** (0.670)	0.987 (0.701)	0.776 (0.752)	0.660 (0.762)	0.466 (0.933)	0.673 (0.654)
$PS-CL$	6.661 *** (1.405)					
$PS-S$		-8.684 *** (2.221)				
$PS-AM$			-7.848 ** (3.397)			
$PS-AF$				-5.742 ** (2.795)		
$PS-DI$					-39.707 *** (14.998)	
$PS-HT$						-2.690 *** (0.827)
$DIF-SD \times PS-CL$	-6.023 *** (1.948)					
$DIF-SD \times PS-S$		19.804 *** (4.899)				
$DIF-SD \times PS-AM$			18.820 *** (6.179)			
$DIF-SD \times PS-AF$				12.125 ** (5.759)		
$DIF-SD \times PS-DI$					76.745 *** (28.311)	

续表

变量	CI					
	(1)	(2)	(3)	(4)	(5)	(6)
$DIF-SD \times PS-HT$						11. 169 *** (1. 433)
控制变量	Yes	Yes	Yes	Yes	Yes	Yes
区域效应	Yes	Yes	Yes	Yes	Yes	Yes
常数项	1. 286 * (0. 722)	2. 538 *** (0. 741)	2. 323 *** (0. 828)	1. 998 ** (0. 812)	2. 858 *** (1. 056)	1. 844 ** (0. 755)
N	1020	727	923	683	553	1073
R^2	0. 222	0. 146	0. 114	0. 126	0. 128	0. 216

表 5 - 10 展示了在普通小农样本中数字普惠金融对农户种植业收入的影响机制检验结果。其中，（1）列至（6）列依次汇报了耕地、播种、打药、施肥、排灌水和收获运输生产环节的实证结果。可以看到：（1）列，数字普惠金融服务深度增长率与耕地购买服务的交互项（$DIF-SD \times PS-CL$）系数为 15.514，在 1% 水平下显著为正；（2）列，数字普惠金融服务深度增长率与播种购买服务的交互项（$DIF-SD \times PS-S$）系数为 17.997，在 1% 水平下显著为正；（6）列，数字普惠金融服务深度增长率与收获运输购买服务的交互项（$DIF-SD \times PS-HT$）系数同样在 1% 水平下显著为正。除此之外，在（3）列、（4）列和（5）列中，打药、施肥和排灌水环节的购买服务与数字普惠金融服务深度增长率的交互项系数均不显著，但数字普惠金融服务深度增长率（$DIF-SD$）的系数仍在 1% 水平上显著为正。以上结果表明，数字普惠金融对普通小农种植业收入的影响主要通过赋能耕地、播种和收获运输环节的购买服务来实现，对打药、施肥和排灌水等生产环节的影响可能存在其他作用机制。思考上述结果的原因，作者认为在耕地、播种和收获运输过程中，使用的机械化和自动化程度较高，对于普通小农户来讲，购买服务支出的成本较低且效果较好，

而打药、施肥和排灌水的机械化和自动化应用程度相对不高，对于种植面积不大的普通小农户而言，性价比不高，购买服务有限。综上所述，本章在不同分组中实证检验了数字普惠金融通过赋能农业生产各环节的社会化服务购买，影响农户种植业收入的作用机制，假设 5 - 3 得到验证。

表 5 - 10　　　　数字普惠金融对农户种植业收入的影响机制：
普通小农样本实证结果

变量	CI					
	(1)	(2)	(3)	(4)	(5)	(6)
DIF - SD	1.522*** (0.516)	1.272** (0.529)	1.674*** (0.581)	1.897*** (0.551)	2.002*** (0.654)	0.996** (0.475)
PS - CL	-6.574*** (1.177)					
PS - S		-8.014*** (2.334)				
PS - AM			0.962 (3.773)			
PS - AF				1.340 (3.451)		
PS - DI					-4.244 (3.058)	
PS - HT						-2.286*** (0.584)
DIF - SD × PS - CL	15.514*** (2.104)					
DIF - SD × PS - S		17.997*** (5.170)				
DIF - SD × PS - AM			2.694 (6.604)			

续表

变量	CI					
	(1)	(2)	(3)	(4)	(5)	(6)
$DIF-SD \times$ $PS-AF$				-2.454 (7.157)		
$DIF-SD \times$ $PS-DI$					9.939 (6.263)	
$DIF-SD \times$ $PS-HT$						8.616^{***} (1.086)
控制变量	Yes	Yes	Yes	Yes	Yes	Yes
区域效应	Yes	Yes	Yes	Yes	Yes	Yes
常数项	2.021^{***} (0.480)	2.298^{***} (0.473)	1.802^{***} (0.552)	1.863^{***} (0.493)	2.692^{***} (0.645)	1.821^{***} (0.433)
N	1676	1304	1456	1289	949	1719
R^2	0.117	0.090	0.075	0.089	0.116	0.145

5.5 小 结

金融发展的不平衡和收入不平等问题，既是困扰学术界和实务界的难题，又是必须面对、破解的课题。本章尝试从数字普惠金融助力农民增收的视角对上述问题给予回应，并立足于数字普惠金融发展变化的典型事实，基于中国乡村振兴调查（CRRS）数据库中的农户数据，考察了数字普惠金融的发展对"种地"农户收入的影响，并从赋能种植业生产链的视角探究了其中的作用机制，得出以下几点研究结论：第一，数字普惠金融近年的发展显著提高了农户的种植业收入，且这种影响主要来自数字普惠金融服务深度的增加。第二，数字普惠金融对农户种植业收入的积极影响主要体现在粮食主产区内，且来自服务广度和服务深度的增加均显著提高了主产区内农户的种植业收入。另外，数字普惠金融服务广度的增加，实现了对弱势、小微群体的覆盖,并显著提高了普通小农的种植业收入。第三,数字普惠金融通过为种植业生产各环节中的社会化服务购买提供资金来源,赋能了农业生产,助力了农民增收,且这种作用机制在粮食主产区和普通小农户的样本中略有差异。

第6章

数字普惠金融提高农户创业性
收入的机制研究

基于数字普惠金融与营商环境的互动协同视角，本章以中国家庭金融调查（CHFS）数据库中的微观农户家庭数据，实证考察了数字普惠金融、营商环境及其协同效应对农村家庭创业的影响。研究发现：数字普惠金融显著提高了农村家庭的创业行为和创业收入，且数字普惠金融与营商环境的协同效应将深化这一影响；营商环境并没有显著提高农村家庭创业，主要源于金融环境的改善并没有很好地惠及农村群体，而营商环境得到数字普惠金融赋能后，将显著改善这一负面影响；数字普惠金融与营商环境对农村家庭创业的协同效应在不同创业类型、不同人群、不同地区间存在异质性影响，并由此带来的共富效果也存在差异性。本书不仅扩展了农村家庭创业研究的相关视角，也对优化农村数字普惠金融和营商环境建设，实现乡村振兴和共同富裕具有启示意义。

6.1 提 出 问 题

党的二十大报告强调要全面推进乡村振兴，坚持农业农村优先发展。党的十九大报告指出，要促进农村一二三产业融合发展，支持和鼓励农民就业创业，拓宽增收渠道。一直以来，农村家庭作为中国社会主义市场经济体制下创业的先导队伍，实现乡村振兴需要他们再次扛起创业大旗，通过勤劳自富、先富带后富实现共同富裕。在影响居民家庭创业因素的现有研究中，信贷资金和营商环境是当前学术界关注的热点，营商环境的优化可以激发居民的创业热情，降低居民创业门槛，让居民产生更多的创业需求，但需求能否得到满足，取决于多种因素影响，其中，资金约束是影响农村家庭能否真正产生创业行为的关键。部分学者指出，资金匮乏、融资成本高成为桎梏农村家庭创业的重要原因（Beck et al.，2018；何婧和李庆海，2019），而近年来营商环境的优化虽然极大促进了大众创新创业（Armanios et al.，2017；张卫东和夏蕾，2020；林嵩等，2023），但是否也显著促进了农村家庭创业，现有文献却语焉不详。那么，在乡村振兴和共同富裕的背景下，农村家庭创业是否具备良好的资金、技术、政务等资源条件和环境状况？数字普惠金融在农村地区的快速发展能否有效缓解居民创业的资金约束，营商环境对农村家庭创业是否达到预期效果？其中的制约因素是什么？数字普惠金融与营商环境对农村家庭创业的协同效应影响几何？对这一系列问题的思考和回答，将有助于提高数字普惠金融对农村家庭创业的有效性与科学性，对优化农村营商环境建设，培育发展农村创业群体，提高农村家庭创业绩效具有重要的现实意义。

鉴于此，本书基于中国家庭金融调查（CHFS）数据库中的微观农户家庭数据，实证考察了数字普惠金融、营商环境及其协同效应对农村家庭创业行为和创业收入的影响，具有以下三方面的边际贡献：第一，在研究视角方面，本章探索性地从数字普惠金融与营商环境的协同视角出发，关注两者对农村家庭创业的互动叠加效应。据我们所知，从该视角对农村家庭创业进行系统研究的文献并不多见。第二，在研究成果方面，本章发现营商环境并没有显著提高农村家庭创业，主要原因在于金融环境的改善并没有很好地惠及农村群体，但数字普惠金融却改善了这一负面影响，营商环境得到数字普惠金融赋能后，将显著提高农村家庭创业。第三，在研究意义方面，本章在考察农村家庭创业行为的同时，还重点关注了农村家庭的创业收入，并从创业带动共富的角度出发，进一步考察了数字普惠金融与营商环境的协同效应在不同创业方式、不同群体、不同地区间的差异化影响。为切实改善农村群体的创业绩效，优化农村地区的数字普惠金融和营商环境建设，实现乡村振兴和共同富裕提供经验证据和政策启示。

　　本章后续内容的结构安排如下：第二部分为文献综述与理论分析，对以往文献进行总结和述评，并从理论上推导可供实证检验的研究假说；第三部分为研究设计，主要包括模型构建、变量说明、数据来源与描述性统计；第四部分为实证结果分析，主要有基准模型检验、内生性和稳健性检验；第五部分为扩展分析，对不同创业方式、不同群体、不同地区做异质性检验；第六部分为总结。

6.2　文献综述与理论假说

6.2.1　文献综述

（1）数字普惠金融与家庭居民创业。

　　众多文献研究表明，创业者的资金匮乏会影响创业行为和创业绩效（何婧和李庆海，2019）。而农村家庭由于缺乏抵押物和征信信息，往往面临更为严重的信贷约束，导致农村家庭的创业行为受到更大程度上的抑制（Banerjee and Newman，1993；彭克强和刘锡良，2016）。或即便选择创业也会因为资金约束而影响创业绩效，导致创业收入不佳（张龙耀和张海宁，2013）。

　　数字普惠金融借助数字技术实现资金融通、支付、投资和信息中介等服务，通过降低服务门槛，优化资源配置，提高了金融的普惠性（Pan et al.，2016），并以大数据和互联网技术解决了农户与金融机构的信息对称问题（张贺和白钦先，2018），降低了农村地区的金融排斥（Kapoor，2014；王修华和赵亚雄，2022），改善了农村家庭创业的资金约束。已有学者关注到数字普惠金融对居民创业活动产生的重要影响（Shevchuk and Strebkov，2017；湛泳和徐乐，2017；李建军和李俊成，2020）。亚历山大罗夫等（Aleksandrov et al.，2019）指出，数字普惠金融可以帮助农村居民获得自我发展的可能，激发居民的创业热情，促进了创业活动的增长；谢绚丽等（2018）基于支付宝数据构建了中国数字金融发展指数，实证研究了数字金融发展在省级层面对创业的积极影响；贝克等（Beck et al.，2018）通过构建一般均衡模型，证明了数字普惠金融可以通过提升经营执行力、减少信息不对称、降低资金被盗概率等，增加农村居民的创业绩效；布鲁埃特（Bruett，2007）的研究表明数字金融通过互联网技术手段降低了创业农户融资的门槛；同时，数字普惠金融还降低了信息不对称的程度（Berger and Udell，2018），而信息不对称引发的道德风险和逆向选择问题是影响创业者信贷可得性的重要因素。

（2）营商环境与家庭居民创业。

营商环境作为一种制度软环境，主要包括企业面临的资金、人才、技术、政策等资源条件和环境状况（李志军等，2021；"中国城市营商环境评价研究"课题组，2021），体现了国家和地区的经济发展软实力，对居民的经济活力和创新创业能力具有重要影响（牛志伟等，2023）。而创业是寻求人力、社会和金融资本最佳组合方式的战略行为，这种行为受到营商环境的显著影响（Levie and Autio，2011），很多学者也指出，良好的营商环境有助于促进家庭居民创业并带动收入增加（Bowen et al.，2008；张卫东和夏蕾，2020）。毕青苗等（2018）指出，在设立行政审批中心的地级市，其企业创业的概率会显著增加，而地区行政审批强度也会提升当地居民创业倾向与创业规模（张龙鹏等，2016）。有学者认为，当一个地区的法治环境恶化时，居民往往会减少创业行为，直到法治环境变好时创业活动才会增加（Su，2020）。也有学者研究了金融环境对居民创业的影响，指出非正规投资对创业倾向有显著的统计影响，监管性商业成本阻碍了机会驱动型创业（Ho and Wang，2007）。袁文融和杨震宁（2021）采用中国家庭金融调查（CHFS）数据库，实证考察了营商环境对家庭居民创业的影响，结果表明营商环境虽然增加了城镇居民的创业概率，但却削弱了农村居民选择创业的行为，并认为农村地区的交通、金融网点等配套设施尚未完备是重要原因。

（3）文献述评。

现有文献非常丰富，也极具洞见，但在回答如何通过数字普惠金融与营商环境促进农户创业方面的问题上还有许多可以深入的空间：首先，国内外学者在数字普惠金融对农户家庭创业行为影响的相关研究非常深入，但更多地聚焦于对数字普惠金融这单一因素的考察，缺乏数字普惠金融与营商环境及其叠加效应对农户创业行为的影响，而营商环境的改变对居民创业行为具有直接影响，不容忽视，对这一问题的研究将关系到数字普惠金融的匹配效率和创业效应，然而现有文献却鲜有涉及。另外，现有研究大多将重点放在是否促进了农户创业行为上，但创业行为的增加并不意味着创业绩效的提高，创业能否成功，农户能否获得实实在在的收入，是影响农村、农民实现共同富裕的根本因素。其次，关于营商环境与居民创业行为的研究中，现有文献更多关注城镇居民的创业行为，或仅在样本中加入少量农村居民并做简单的异质性分析，缺乏针对农村居民家庭的独立考察，但在当前提高农村居民多样化收入和实现共同富裕的政策背景下，营商环境对农村家庭创业的影响非常有必要给予重点关注，并展开单独的分析。另外，在营商环境的创业效应文献中，部分学者关注到金融环境改善的作用，但鲜有提及数字普惠金融对其的加持作用，对这一因素的忽视可能导致营商环境的创业效应不佳。

鉴于此，本章将从如下三方面对现有文献进行补充和创新：第一，在考察数字普惠金融对农村家庭创业影响的基础上，重点关注数字普惠金融与营商环境对农村家庭创业的协同影响，并在关注农户家庭创业行为的同时，重视对创业收入的考察；第二，考察营商环境对农村家庭创业的影响，并通过数字普惠金融与营商环境的协同效应，探究数字普惠金融对营商环境的赋能作用，最大限度发挥营商环境对农村家庭创业的意义；第三，从创业带动共同富裕的角度出发，进一步考察数字普惠金融与营商环境的协同效应在不同创业方式、不同群体、不同地区间的差异化影响。

6.2.2 理论假说

（1）数字普惠金融与农村家庭创业。

数字普惠金融借助互联网和大数据，通过融资、投资、支付三项功能为偏远农村地区和小微企业提供金融支持，促进农村家庭创业。首先，在融资方面，数字普惠金融能够以更低的成本为农村家庭提供金融服务。由于农户家庭具有居住分散、贷款金额小、周期短等特点，传统金融为单个农村家庭提供贷款的成本较高，而数字金融机构在初期产品研发、系统建设成功后，发放的信贷边际成本非常低，且可以突破时间和空间的限制，很好地解决了针对农村居民信贷的规模不经济问题。而且数字普惠金融凭借其大数据和互联网科技，可以解决金融机构与农户间的信息对称问题，使农户家庭在缺乏抵押物和征信信息的情况下，仍可以获得信用评级和信用贷款，极大地降低了农户创业的融资门槛。其次，在投资方面，数字普惠金融能够为农村家庭提供丰富的理财和投资知识，让更多的弱势群体有机会获得普惠金融服务，李建军和李俊成（2020）的研究表明，数字普惠金融可以提高农户的风险认知和风险管理水平，并因此提高农户的创业行为和创业绩效。最后，在支付方面，数字支付为农村小微企业和个体户创业的收付款行为提供了极大便利，且在数字支付过程中，大量农户创业群体的信息被记录在互联网上，数字金融机构也因此扩大了信息的来源，进一步降低了信息不对称，从而为更多的农村家庭提供信贷支持。综上，数字普惠金融从融资、投资、支付三方面为农村家庭的创业提供了支持，据此，本书提出假设6-1。

假设6-1：数字普惠金融提高了农村家庭的创业行为和创业绩效。

（2）数字普惠金融、营商环境优化与农村家庭创业。

营商环境主要通过营商硬环境和营商软环境两方面影响居民的创业行为。首先，根据申烁等（2021）的研究，营商硬环境主要包括公共服务、市场环境及人力资本三个维度，营商软环境包括政务环境、金融服务、法治环境及创新环境四个分指标，但不管是营商硬环境还是营商软环境在对城镇居民和农村居民之间的创业影响是有差异的，例如金融服务，当前金融服务环境的改善更倾向于服务效率和信贷规模的优化，对于弱势小微群体的倾向性不强，导致金融环境的改善不能更好地惠及农村创业群体；公共服务、市场环境、政务环境和法治环境等的差异更多地体现在不同地区间，对于同一区域内的城镇和农村群体的影响差异不大，这方面环境的改善同样会使农村群体受益；人力资本、创新环境的改善对于农村创业群体的影响是不确定的，虽然当前大量农村人口转向城市，但农村整体的用工成本较低，且很多农村创业群体属于家庭作坊，工作人员主要由家庭成员、亲戚朋友组成，用工成本较低，而创新环境的改善可能对农村群体的影响较小，主要是针对依赖技术创业的居民。综上，营商环境的优化对于农村家庭创业的影响是不能够确定的，特别是金融服务的欠缺，可能会弱化营商环境对农村家庭创业的影响。据此，本书提出假设 6 - 2。

假设 6 - 2a：营商环境优化将提高农村家庭的创业行为和创业绩效。

假设 6 - 2b：营商环境优化并不能惠及农村家庭的创业行为和创业绩效。

关于数字普惠金融和营商环境对农村家庭创业的协同效应，我们从以下两方面展开分析：首先，数字普惠金融的普及是从供给端提供农村家庭的创业资金，但如果农村家庭缺乏创业需求，那么数字普惠金融对农村家庭创业行为的影响也会大打折扣，而营商环境的整体改善，将降低农村居民的创业门槛，激发农村家庭的创业意愿，让农村居民产生更多的创业需求，从而保证了数字普惠金融的供给方向，促成了创业行为的达成；其次，营商环境虽然从需求端提升了农村家庭的创业意愿，但需求能否得到满足，取决于多种因素影响，其中，资金约束是影响农村家庭能否真正产生创业行为的关键因素，但从大部分研究中将银行金融机构的存贷款数额和利率作为衡量标准可知，当前营商环境中金融环境的改善，更侧重于服务效率和信贷规模的提升，对于弱势群体、长尾群体的关注度不高，并因此影响了营商环境对农村家庭创业的正面效应，而数字普惠金融对这部分群体的惠及，极大地提高了农村家庭的信贷供给，很好地弥补了金融服务环境对农村家庭的忽视。据此，本书提出如下假设6-3。

假设6-3：数字普惠金融与营商环境的协同效应将显著提高农村家庭的创业行为和创业绩效。

6.3　研　究　设　计

6.3.1　数据来源

本章实证部分主要采用以下三套数据库：第一，微观农户家庭数据来自中国家庭金融调查（CHFS）数据库。该调查库每两年开展一次，最新公布的为2019年中国家庭金融调查数据，调查样本覆盖全国29个省（自治区、直辖市），343个区县，1360个村（居）委会，最终收集了34643户家庭、107008个家庭成员的信息，数据内容涉及家庭成员在2018年的创业活动、收入状况、个人特征等信息，涵盖了本章研究所需要的所有微观指标。本章在CHFS数据库中筛选出农村家庭样本，并将问卷中的回答人确定为户主，则该户主所在的农村家庭构成了本章研究的农村家庭样本。第二，数字普惠金融数据源自北京大学数字普惠金融指数数据库，该数据库是由北京大学数字金融研究中心和蚂蚁金服集团共同编制的，涵盖了中国31个省（自治区、直辖市）、337个地级以上城市（地区、自治州、盟等）的相关数据，被广泛用于分析中国数字金融的发展状况（谢绚丽等，2018；易行健和周利，2018）。第三，营商环境数据来源于《中国城市营商环境评价》报告（李志军，2019），该报告从政府效率、人力资源、金融服务、公共服务、市场环境、创新环境六个方面评估了我国254个城市营商环境的指数。结合这三套数据的特点，本章选取了2019年

CHFS 数据库，并与 2017 年的地级市数字金融指数和 2017 年的地级市营商环境指数进行匹配（考虑滞后效应）。同时，剔除异常样本和极端值，并对数据进行 1% 双缩尾处理以解决离群值问题，最终获得了 12264 个农村家庭样本。此外，与样本所匹配的宏观层面数据来源自《中国统计年鉴》及作者的手工收集所得。

6.3.2　模型设计与变量选取

（1）数字普惠金融对农村家庭创业的影响。

为考察数字普惠金融对农村家庭创业的影响，验证假设 6 - 1 的合理性，本章参照查里等（Chari et al. , 2021）、何婧和李庆海（2019）的方法，构建如下回归模型（6 - 1）：

$$ES_i = \alpha_0 + \alpha_1 DIF_c + \alpha_2 CV + \varepsilon_1 \qquad (6-1)$$

其中，ES_i 为被解释变量，表示农村家庭创业的代理变量，DIF_c 为核心解释变量，作为数字普惠金融的代理变量，CV 代表控制变量集，本章分别选取了个体层面、家庭层面以及地区层面的控制变量，ε_1 为随机扰动项，α_0 为常数项。

首先，被解释变量。本章选取的被解释变量为农村家庭创业，主要从如下四个方面进行度量：一是使用 CHFS 问卷中受访者对"目前，您家是否从事工商业生产经营项目，包括个体户、租赁、运输、网店、微商、代购、经营公司企业等"的回答来度量家庭是否创业。但农民创业本质上是一种有别于以传统方式获取收入并与市场发生更为紧密联系的行为（王浩林和王子鸣，2022），因此它不仅包含农户家庭从事个体工商业经营的行为，也应涵盖从事规模化或特色种植养殖及其农产品加工等通过市场化实现价值的行为。鉴于此，本章借鉴程郁和罗丹（2009）的思路，将样本农户中农业经营性收入大于 95% 分位数（1.9017 万元）及小于 1% 分位数（-1.03 万元，考虑创业失败情况）的家庭也纳入创业范畴，综上，共计收获 2369 个农村创业家庭样本，占总样本的 19.32%，具有代表性。二是采用问卷中"截至目前，您家一共经历过多少次创业？包括个体户、租赁、运输、网店、微商、代购、经营企业等"的答案度量家庭创业次数。三是考虑存在合伙或投资创业的情况，本章进一步以问卷中"您家目前共参与了几个工商业生产经营项目"的答案度量家庭参与工商业经营的次数。四是为考察数字普惠金融对农户成功创业的影响，真正体现共同富裕的含义和本章的研究意义，我们将进一步采用农村家庭的工商业收入作为被解释变量。

其次，解释变量。参考张勋等（2019）和吴雨等（2020）的研究，本章采用北京大学数字普惠金融指数作为数字普惠金融的代理变量，关于该指数的详细数据及编制过程，可以参阅郭峰等（2020）的研究。为了缓解内生性问题，以往实证分析中均采用城市层面滞后一期的数字普惠金融指数（吴雨等，2021），即将 2017 年的市级层面数字普惠金融指数与 2019 年中国家庭金融调查数据相匹配，2019 年的 CHFS 的数据是基于 2018 年的农户家庭情况产生的。根据假设 6 - 1 的预判，系数 α_1 将显著为正。

最后，控制变量。为了尽可能解决由于遗漏变量造成的偏误问题，参照周力和沈坤荣（2022）的做法，计量模型从个体、家庭、地区三个层面添加控制变量。个体层面添加户主的性别、年龄、受教育程度、是否为党员（或预备党员）、身体健康状况方面的个体特征变量；家庭层面控制了家庭收入变量；地区层面分别选取该农村家庭所在市域的人均 GDP、第一产业占比、第三产业占比、财政支出占 GDP 的比重作为宏观经济控制变量。

（2）数字普惠金融与营商环境对农村家庭创业的协同影响。

为验证数字普惠金融与营商环境对农村家庭创业的协同影响，并考察营商环境对农村家庭创业的影响，对假设 6 - 2、假设 6 - 3 进行验证，本章在基准模型（6 - 1）的基础上，添加营商环境变量以及营商环境与数字普惠金融的交互项，构建如下模型（6 - 2）：

$$ES_i = \beta_0 + \beta_1 DIF_c + \beta_2 BEI_c + \beta_3 DIF_c \times BEI_c + \delta CV + \varepsilon_1 \qquad (6-2)$$

模型 (6-2) 中, ES_i 为农村家庭创业, DIF_c 为数字普惠金融, BEI_c 为营商环境的代理变量。我们参照牛志伟等 (2023) 的方法, 采用李志军 (2019) 的中国城市营商环境指数作为营商环境的代理变量, 根据假设 6-2, BEI_c 的系数 β_2 将显著为正或显著为负。$DIF_c \times BEI_c$ 代表数字普惠金融与营商环境的交互项, 反映了两者对农村家庭创业的协同影响, 本章将重点关注系数 β_3 的方向和显著性水平。如若 β_3 显著为正, 则表明一方面, 营商环境的优化会加深数字普惠金融对农村家庭创业的正面影响, 另一方面, 数字普惠金融将加深营商环境的正面效应或者改善营商环境对农村家庭创业的负面效应。其他变量与模型 (6-1) 一致, 不再赘述。此外, 表 6-1 汇报了本章主要变量的名称、标识和含义, 并对样本数据进行描述性统计。关键变量的均值和标准差表明, 样本分布并不均衡, 存在一定差异, 能够反映不同地区、不同农村家庭的特征, 样本的选取具有普遍意义上的代表性。

表 6-1　　　　　　　　　变量定义及描述性统计

变量名称	变量标识	变量含义	均值	标准差
是否创业	$ES(Y/N)$	是 =1, 否 =0	0.193	0.395
创业次数	ESF	创业次数 (次)	0.186	0.624
参与工商业经营次数	ICF	参与工商业经营次数 (次)	0.085	0.305
工商业收入	ICI	工商业收入 (万)	0.404	4.325
数字普惠金融	DIF	北京大学数字普惠金融指数	222.343	21.295
营商环境	BEI	中国城市营商环境指数	12.630	12.782
金融环境	FSI	中国城市金融环境指数	8.058	15.084
性别	$Gender$	男 =1, 女 =0	0.847	0.360
年龄	Age	年龄 (岁)	57.182	11.774
教育程度	$Education$	赋值 1~9 依次为: 没上过学、小学、初中、高中、中专、大专、大学、硕士、博士	2.534	0.990

变量名称	变量标识	变量含义	均值	标准差
是否为党员（或预备党员）	*Party*	是 = 1，否 = 2	0.128	0.334
健康状况	*Health*	赋值 1 ~ 5 依次为：非常好、好、一般、不好、非常不好	2.936	1.045
家庭收入	*HI*	家庭年收入（万）	4.551	13.844
人均 GDP	*PGDP*	GDP 总额/总人口（万）	5.631	3.003
一产占比	*PPI*	第一产业增加值/GDP	11.032	7.658
三产占比	*PTI*	第三产业增加值/GDP	47.804	9.080
财政占比	*PFE*	政府财政支出/GDP	0.236	0.127

6.4 实 证 结 果

6.4.1 数字普惠金融对农村家庭创业的影响

表 6-2 汇报了模型（6-1）的 OLS 回归结果，控制了个体、家庭及地区层面的变量，同时考虑到农村家庭之间的相关性，并解决异方差和自相关等问题，将模型的稳健标准误聚类（cluster）到家庭层面。结果表明，（1）列被解释变量为是否创业（*ES*(*Y/N*)），数字普惠金融（*DIF*）的系数为 0.0019，在 1% 统计水平下显著为正；（2）列当被解释变量为创业次数（*ESF*）时，数字普惠金融系数同样在 1% 水平下显著为正，表明数字普惠金融显著提高了农村家庭的创业行为；（3）列，被解释变量为农村家庭参与工商业经营的次数，数字普惠金融系数为 0.0016，在 1% 置信水平下显著为正，说明数字普惠金融也增加了农村家庭合伙投资创业的行为；（4）列，当被解释变量为工商业收入时，数字普惠金融系数为

0.0122，并在1%水平下显著为正，表明数字普惠金融不仅促进了农村家庭的创业行为，同时这种创业行为也成功扩展了农户的收入。其他控制变量，也基本与以往研究（杨艳琳和付晨玉，2019；田鸽和张勋，2022）相吻合，符合常规经济现象。表6-2（1）列至（4）列的数字普惠金融系数（DIF）均在1%统计水平下显著为正，初步表明数字普惠金融确实显著促进了农村家庭的创业行为，并提高了农户家庭的创业收入，结果具有统计学意义上的显著性。

表6-2　　数字普惠金融对农村家庭创业的影响：基准回归结果

变量	(1)	(2)	(3)	(4)
	ES(Y/N)	ESF	ICF	ICI
DIF	0.0019 ***	0.0048 ***	0.0016 ***	0.0122 ***
	(0.0005)	(0.0008)	(0.0004)	(0.0038)
Gender	0.0535 ***	0.0294 **	0.0109	0.0294
	(0.0090)	(0.0120)	(0.0068)	(0.0531)
Age	-0.0057 ***	-0.0054 ***	-0.0023 ***	-0.0080 **
	(0.0003)	(0.0006)	(0.0003)	(0.0035)
Education	0.0219 ***	0.0579 ***	0.0250 ***	0.1200 **
	(0.0044)	(0.0073)	(0.0038)	(0.0531)
Party	0.0231 **	0.0285	0.0069	0.0434
	(0.0116)	(0.0189)	(0.0094)	(0.1097)
Health	-0.0381 ***	-0.0275 ***	-0.0203 ***	-0.0906 ***
	(0.0036)	(0.0053)	(0.0027)	(0.0294)
HI	0.0027 ***	0.0026 **	0.0018 **	0.0648
	(0.0009)	(0.0013)	(0.0008)	(0.0254)
PGDP	0.0054 **	-0.0237 ***	-0.0072 ***	-0.0370
	(0.0026)	(0.0039)	(0.0019)	(0.0245)
PPI	0.0046 ***	0.0002	0.0006	0.0039
	(0.0008)	(0.0009)	(0.0005)	(0.0050)

变量	(1)	(2)	(3)	(4)
	ES(Y/N)	ESF	ICF	ICI
PTI	-0.0029 *** (0.0006)	-0.0028 *** (0.0008)	-0.0013 *** (0.0004)	-0.0078 * (0.0040)
PFE	0.1625 *** (0.0458)	-0.0301 (0.0592)	-0.0045 (0.0331)	-0.4354 (0.4174)
常数项	0.1159 (0.0986)	-0.3978 *** (0.1495)	-0.0700 (0.0769)	-1.6206 ** (0.7352)
N	10970	10970	10970	10970
R²	0.0873	0.0481	0.0431	0.0882

注：*、** 和 *** 分别表示在10%、5% 和1% 的置信水平下显著，下同。

虽然本章选取的数字普惠金融变量为滞后一期的数据，且数字普惠金融指数为市级数据，农村家庭创业为微观个体数据，在一定程度上已经缓解了农户家庭创业对数字普惠金融的逆向因果关系，但实证结果仍不能完全排除变量之间潜在的相关和自相关关系，仍面临着一些内生性问题的挑战，为此本章将选取合适的工具变量并用2SLS法对模型（6-1）做进一步检验估计。借鉴王修华和赵亚雄（2020）的思路，本章将收集省域内除样本市以外其他市域的数字普惠金融指数，并以其他市域的数字普惠金融指数平均值作为工具变量，据此选取的工具变量的合理性体现在：首先，其他市域数字普惠金融指数，并不会影响样本市的农村家庭创业行为，至少不会直接影响，满足外生性要求；其次，同一省内各个市域面临着相似的经济形势、市场环境和政策驱动，各个市域数字普惠金融的发展具有较强的联动性，满足相关性要求。表6-3汇报了模型（6-1）采用2SLS工具变量法的实证结果，为了表格简练，此处只报告了2SLS的第二阶段回归结果。可以看到，加入工具变量后的数字普惠金融系数均显著为正，与表6-2基准回归结果一致，假设6-1得到验证。另外，第一阶段结果显示，工具变量的系数均显著为正，满足相关性要求，且第一阶段 F 值大于经验值 16.38（张勋等，2019；吴雨等，2020），故不存在弱工具变量问题。

表 6 – 3　数字普惠金融对农村家庭创业的影响：工具变量回归结果

变量	(1) ES(Y/N)	(2) ESF	(3) ICF	(4) ICI
DIF	0.0014 ** (0.0007)	0.0066 *** (0.0010)	0.0026 *** (0.0005)	0.0184 *** (0.0049)
Gender	0.0538 *** (0.0090)	0.0284 ** (0.0120)	0.0104 (0.0068)	0.0262 (0.0530)
Age	-0.0057 *** (0.0003)	-0.0055 *** (0.0006)	-0.0024 *** (0.0003)	-0.0081 ** (0.0034)
Education	0.0219 *** (0.0044)	0.0583 *** (0.0073)	0.0252 *** (0.0038)	0.1213 ** (0.0531)
Party	0.0230 ** (0.0116)	0.0285 (0.0189)	0.0068 (0.0094)	0.0433 (0.1097)
Health	-0.0381 *** (0.0036)	-0.0275 *** (0.0053)	-0.0203 *** (0.0027)	-0.0905 *** (0.0294)
HI	0.0027 *** (0.0009)	0.0026 ** (0.0013)	0.0017 ** (0.0008)	0.0647 ** (0.0254)
PGDP	0.0073 ** (0.0033)	-0.0305 *** (0.0045)	-0.0110 *** (0.0022)	-0.0600 ** (0.0250)
PPI	0.0044 *** (0.0008)	0.0008 (0.0010)	0.0009 * (0.0005)	0.0061 (0.0048)
PTI	-0.0025 *** (0.0006)	-0.0039 *** (0.0009)	-0.0019 *** (0.0005)	-0.0115 *** (0.0044)
PFE	0.1420 *** (0.0491)	0.0450 (0.0635)	0.0378 (0.0353)	-0.1795 (0.4732)

续表

变量	(1)	(2)	(3)	(4)
	$ES(Y/N)$	ESF	ICF	ICI
常数项	0.2079 (0.1355)	-0.7342 *** (0.1931)	-0.2586 *** (0.0917)	-2.7630 *** (0.9160)
N	10969	10969	10969	10969
R^2	0.0872	0.0475	0.0425	0.0880
第一阶段 F 值 （P 值）	4129.23 (0.0000)	4521.09 (0.0000)	3246.98 (0.0000)	3095.47 (0.0000)

6.4.2 数字普惠金融与营商环境对农村家庭创业的协同影响

根据假设 6 - 2 和假设 6 - 3，营商环境的优化对农户家庭创业的影响方向还未可知，但数字普惠金融与营商环境的协同效应却能够显著促进农户创业。因此，营商环境对农村家庭创业的影响几何，以及数字普惠金融和营商环境协同效应如何，是接下来关注的重点。表 6 - 4 汇报了模型（6 - 2）的回归结果，分别采用 OLS 法和 2SLS 法对模型进行估计。首先，（1）列和（2）列表示被解释变量为是否创业（$ES(Y/N)$）时的 OLS 和 2SLS 检验结果，可以看到，数字普惠金融系数在 1% 水平下显著为正，且数字普惠金融与营商环境的交互项（$DIF \times BEI$）系数为 0.0007，在 1% 水平下显著，加入工具变量后，交互项系数仍在 1% 水平下显著为正，表明数字普惠金融与营商环境的协同效应将显著促进农村家庭的创业行为，但营商环境（BEI）系数却在 1% 水平下显著为负，表明营商环境的优化并没有提高农村家庭的创业，甚至反而降低了农村家庭的创业行为。同样地，（3）列至（8）列中，当被解释变量分别为创业次数（ESF）、参与工商业经营次数（ICF）、工商业收入（ICI）时，也呈现出类似的回归结果。以上结果表明：一方面，数字普惠金融显著提高了农村家庭的创业行为和创业收入，且营商环境的改善会加深这一影响，数字普惠金融与营

表 6 - 4　数字普惠金融与营商环境对农村家庭创业的协同影响实证结果

变量	ES (Y/N)		ESF		ICF		ICI	
	(1)	(2)	(3)	(4)	(5)	(6)	(7)	(8)
	OLS	2SLS	OLS	2SLS	OLS	2SLS	OLS	2SLS
DIF	0.0023*** (0.0005)	0.0032*** (0.0007)	0.0047*** (0.0009)	0.0070*** (0.0011)	0.0013*** (0.0004)	0.0026*** (0.0005)	0.0114*** (0.0044)	0.0220*** (0.0057)
BEI	-0.0139*** (0.0036)	-0.0158*** (0.0037)	-0.0080** (0.0039)	-0.0124*** (0.0045)	-0.0050** (0.0021)	-0.0067*** (0.0022)	-0.0534*** (0.0202)	-0.0544*** (0.0223)
DIF×BEI	0.0007*** (0.0002)	0.0009*** (0.0003)	0.0013*** (0.0004)	0.0016*** (0.0005)	0.0023*** (0.0007)	0.0031*** (0.0009)	0.0016** (0.0008)	0.0019*** (0.0007)
Gender	0.0479*** (0.0092)	0.0473*** (0.0091)	0.0280** (0.0126)	0.0262** (0.0126)	0.0078 (0.0071)	0.0068 (0.0071)	0.0327 (0.0587)	0.0244 (0.0587)
Age	-0.0054*** (0.0003)	-0.0054*** (0.0004)	-0.0055*** (0.0006)	-0.0055*** (0.0006)	-0.0023*** (0.0003)	-0.0023*** (0.0003)	-0.0093** (0.0038)	-0.0094** (0.0038)
Education	0.0231*** (0.0045)	0.0235*** (0.0045)	0.0605*** (0.0076)	0.0613*** (0.0076)	0.0256*** (0.0039)	0.0261*** (0.0039)	0.1125** (0.0550)	0.1163** (0.0551)
Party	0.0219* (0.0119)	0.0217* (0.0119)	0.0278 (0.0199)	0.0274 (0.0199)	0.0087 (0.0099)	0.0085 (0.0099)	0.0297 (0.1147)	0.0278 (0.1146)
Health	-0.0399*** (0.0037)	-0.0399*** (0.0037)	-0.0281*** (0.0056)	-0.0280*** (0.0056)	-0.0206*** (0.0028)	-0.0205*** (0.0028)	-0.1053*** (0.0291)	-0.1045*** (0.0290)

续表

变量	ES(Y/N)		ESF		ICF		ICI	
	(1)	(2)	(3)	(4)	(5)	(6)	(7)	(8)
	OLS	2SLS	OLS	2SLS	OLS	2SLS	OLS	2SLS
HI	0.0027*** (0.0009)	0.0026*** (0.0009)	0.0025* (0.0013)	0.0025* (0.0013)	0.0017** (0.0008)	0.0017** (0.0008)	0.0619** (0.0254)	0.0618** (0.0254)
PGDP	0.0176*** (0.0034)	0.0147*** (0.0037)	-0.0221*** (0.0049)	-0.0294*** (0.0054)	-0.0037 (0.0026)	-0.0079*** (0.0028)	-0.0233 (0.0362)	-0.0569 (0.0365)
PPI	0.0062*** (0.0009)	0.0066*** (0.0009)	-0.0008 (0.0012)	0.0003 (0.0013)	0.0002 (0.0007)	0.0009 (0.0007)	-0.0003 (0.0062)	0.0048 (0.0063)
PTI	0.0006 (0.0007)	0.0002 (0.0007)	-0.0025** (0.0010)	-0.0036*** (0.0010)	-0.0009* (0.0005)	-0.0015*** (0.0005)	-0.0055 (0.0049)	-0.0104** (0.0051)
PFE	0.2407*** (0.0593)	0.2823*** (0.0628)	-0.0747 (0.0754)	0.0307 (0.0800)	-0.0340 (0.0416)	0.0268 (0.0442)	-0.2610 (0.3561)	0.2251 (0.3957)
常数项	-0.2222** (0.1115)	-0.4026*** (0.1442)	-0.3609* (0.1820)	0.8208*** (0.2365)	-0.0114 (0.0912)	-0.2760** (0.1162)	-1.3518 (1.1010)	-3.467*** (1.332)
N	10195	10194	10195	10194	10195	10194	10195	10194
R^2	0.0900	0.0897	0.0499	0.0490	0.0454	0.0443	0.0876	0.0870
第一阶段F值 (P值)		4231.09 (0.0000)		4489.78 (0.0000)		3455.03 (0.0000)		3124.22 (0.0000)

商环境的协同效应将进一步促进农村家庭的创业；另一方面，虽然营商环境显著降低了农村家庭创业，但数字普惠金融却改善了这一负面影响，营商环境得到数字普惠金融赋能后，将显著提高农村家庭创业。由此可以推断，营商环境对农村家庭创业的负面影响，可能主要来源于营商环境中金融环境的改善并没有很好地惠及农村群体，也因此当数字普惠金融弥补了这一环节时，两者对农村家庭创业的协同影响显著为正。

为了进一步验证以上猜想，本章将采用金融环境与营商环境的交互项，识别营商环境对农村家庭创业的负面影响是否主要来源于金融环境这一要素。鉴于此，我们选用《中国城市营商环境评价》（李志军，2019）中的金融环境指数作为其代理变量，考察上述机制，厘清营商环境对农村家庭创业的主要负面影响来源，以便加强今后政策的导向性和有效性。实证结果见于表 6 - 5，可以看到，营商环境（BEI）系数、金融环境（FSI）系数、营商环境与金融环境的交互项（$BEI \times FSI$）系数均显著为负，说明营商环境对农村家庭创业的负面影响主要来源于金融环境的恶化，抑或当前营商环境中金融环境的改善并没有惠及农村群体，农村家庭创业仍面临较强的资金约束。因此，增加农村家庭的创业行为和创业收入，要继续加强针对农村市场的营商环境改善，特别是金融环境的优化。

表 6 - 5　营商环境对农村家庭创业的影响：基于金融环境的实证结果

变量	（1） $ES(Y/N)$	（2） ESF	（3） ICF	（4） ICI
BEI	- 0. 0051 *** （0. 0014）	- 0. 0052 ** （0. 0020）	- 0. 0019 * （0. 0010）	- 0. 0084 *** （0. 0021）
FSI	- 0. 0080 *** （0. 0025）	- 0. 0054 * （0. 0032）	- 0. 0067 *** （0. 0025）	- 0. 0095 *** （0. 0036）
$BEI \times FSI$	- 0. 0008 *** （0. 0003）	- 0. 0006 ** （0. 0003）	- 0. 0005 *** （0. 0002）	- 0. 0012 *** （0. 0004）

续表

变量	（1）	（2）	（3）	（4）
	ES（Y/N）	ESF	ICF	ICI
Gender	0. 0488 *** （0. 0091）	0. 0304 ** （0. 0126）	0. 0080 （0. 0071）	0. 0301 （0. 0592）
Age	− 0. 0053 *** （0. 0004）	− 0. 0054 *** （0. 0006）	− 0. 0023 *** （0. 0003）	− 0. 0091 ** （0. 0037）
Education	0. 0228 *** （0. 0045）	0. 0590 *** （0. 0076）	0. 0252 *** （0. 0039）	0. 1059 * （0. 0547）
Party	0. 0234 ** （0. 0119）	0. 0296 （0. 0199）	0. 0091 （0. 0099）	0. 0290 （0. 1146）
Health	− 0. 0399 *** （0. 0037）	− 0. 0283 *** （0. 0056）	− 0. 0207 *** （0. 0028）	− 0. 1025 *** （0. 0291）
HI	0. 0027 *** （0. 0009）	0. 0026 ** （0. 0013）	0. 0018 ** （0. 0009）	0. 0624 ** （0. 0255）
PGDP	0. 0216 *** （0. 0024）	− 0. 0008 （0. 0034）	0. 0029 （0. 0019）	0. 0377 （0. 0234）
PPI	0. 0054 *** （0. 0009）	− 0. 0025 ** （0. 0012）	− 0. 0002 （0. 0006）	− 0. 0048 （0. 0060）
PTI	0. 0006 （0. 0006）	0. 0001 （0. 0009）	0. 0007 （0. 0008）	0. 0037 （0. 0038）
PFE	0. 1940 *** （0. 0544）	− 0. 2285 *** （0. 0667）	− 0. 0689 * （0. 0372）	− 0. 6496 * （0. 3366）
常数项	0. 2777 *** （0. 0496）	0. 5018 *** （0. 0704）	0. 2128 *** （0. 0399）	0. 5630 （0. 4796）
N	10229	10229	10229	10229
R^2	0. 0899	0. 0458	0. 0436	0. 0866

6.4.3　稳健性检验

本部分从以下三个方面进行了稳健性检验，结果均与上述回归高度一致。

首先，替换核心解释变量。一方面，由于本章选取的数字普惠金融指数和营商环境指数在样本不同城市间可能存在指标衡量的变化，存在某种程度上的离散度问题，因此参照牛志伟等（2023）的做法，本章选取营商环境和数字普惠金融的对数值作为替换变量，进行重新回归，结果显示与上文中的回归保持高度一致；另一方面，分别采用北京大学数字普惠金融的覆盖广度、使用深度和数字化水平三个分指数做进一步的回归，实证结果虽与上书有所差异，但基本也验证了本章的理论假设。

其次，更换样本区间。考虑到直辖市及省会城市的相关创业政策更加密集，农村家庭的创业行为也更加活跃，为避免特殊样本对总样本造成的影响偏误，本章在剔除直辖市及省会城市样本后，对研究假设进行了再次回归，实证结果验证了上述结论的稳健性。

最后，改变计量方法。借鉴聂力兵等（2022）的思路，本章将数字普惠金融指数与营商环境指数数值从连续型变量变为 0～1 的虚拟变量，并取数值的前 10% 记为 1，其余为 0，被解释变量仅采用是否创业（$ES(Y/N)$）衡量，继而采用 Logit 模型进行实证检验。结果仍与上文回归保持一致，意味着基准回归结果不依赖于特定计量模型方法，可见本章结论是稳健的。

6.5　扩展分析

数字普惠金融显著促进了农村家庭的创业行为和创业收入，而数字普惠金融和营商环境的协同效应将进一步深化这一影响，助力农村群体迈向共同富裕。那么，接下来的问题是：在迈向共同富裕的道路上，这一影响是否存在更大范围的辐射和带动作用？是否可以因此缩小城乡居民的收入差距？以及对不同地区的农村群体创业的差异化影响。围绕上述问题，本章将从创业类型、城乡居民、不同地区三方面考察数字普惠金融与营商环境对农村家庭创业的协同影响，通过对异质性结果的分析，讨论对农村家庭的共富效应。

6.5.1 基于不同创业类型的共富效应分析

共富的带动效应在某种程度上取决于农村家庭的创业类型，小规模创业（个体户）所带来的福利多限于家庭，而大规模创业（公司）将带动乡村实现共同富裕（王浩林和王子鸣，2022）。因此，本章参考泽维尔－奥利维拉等（Xavier－Oliveira et al. , 2015）的思路，将农村家庭创业类型划分为生存型创业和机会型创业。生存型创业者一般追求见效快的小项目，经营规模和范围有限，而机会型创业者一般拥有较多的经营资产和更强的经营能力，公司规模相比生存型创业也更大，也意味着机会型创业可以为其他群体提供更多的就业机会，共富的辐射和带动作用更加明显。借鉴程郁和罗丹（2009）、王正位等（2022）的研究，本章将家庭经营资产大于或等于10万元的农村家庭创业归为机会型创业，小于10万元的归为生存型创业，考察数字普惠金融对不同创业类型农村群体的异质性影响。此处我们仅选用是否创业 $[ES(Y/N)]$ 和工商业收入（ICI）作为被解释变量，结果列于表6－6，其中，（1）列和（2）列为生存型创业样本，（3）列和（4）列为机会型创业样本。在生存型创业样本中，数字普惠金融（DIF）系数为正，但均不显著，营商环境（BEI）系数显著为负，数字普惠金融与营商环境的交互项（$DIF \times BEI$）系数并不显著。在机会型创业样本中，数字普惠金融（DIF）系数显著为正，且此时营商环境（BEI）系数虽不显著，但却由负转正，交互项（$DIF \times BEI$）系数均在1%水平下显著为正。以上结果表明，相比于生存型创业，在机会型创业群体中，数字普惠金融的正面影响更加显著，营商环境的负面效应消失，而数字普惠金融与营商环境的协同影响也更加明显，也因此带来的共富的辐射和带动作用更大。

表 6 - 6　数字普惠金融的创业共富效应：基于创业类型的异质性结果

变量	(1)	(2)	(3)	(4)
	生存型创业		机会型创业	
	ES(Y/N)	ICI	ES(Y/N)	ICI
DIF	0.0013 (0.0009)	0.0010 (0.0013)	0.0031 *** (0.0007)	0.0153 ** (0.0064)
BEI	- 0.0356 *** (0.0122)	- 0.0677 *** (0.0223)	0.0183 (0.0133)	0.0763 (0.0455)
DIF × BEI	0.0006 (0.0004)	0.0012 (0.0009)	0.0012 *** (0.0003)	0.0098 *** (0.0032)
Gender	0.0506 *** (0.0092)	0.0131 (0.0127)	0.0502 *** (0.0144)	0.1079 (0.0978)
Age	- 0.0025 *** (0.0004)	- 0.0025 * (0.0018)	- 0.0057 *** (0.0005)	- 0.0128 ** (0.0053)
Education	0.0098 * (0.0058)	0.0119 (0.0193)	0.0199 *** (0.0061)	0.1456 * (0.0812)
Party	- 0.0090 (0.0148)	- 0.0120 (0.0235)	0.0253 (0.0160)	0.0185 (0.1688)
Health	- 0.0236 *** (0.0045)	- 0.0035 (0.0090)	- 0.0419 *** (0.0053)	- 0.1635 *** (0.0454)
HI	0.0040 ** (0.0020)	0.0189 (0.0138)	0.0023 *** (0.0009)	0.0633 ** (0.0273)
PGDP	0.0156 *** (0.0043)	- 0.0175 ** (0.0074)	0.0197 *** (0.0046)	- 0.0299 (0.0552)

变量	(1)	(2)	(3)	(4)
	生存型创业		机会型创业	
	ES(Y/N)	ICI	ES(Y/N)	ICI
PPI	0.0032 *** (0.0010)	− 0.0026 (0.0018)	0.0098 *** (0.0014)	− 0.0020 (0.0113)
PTI	0.0030 *** (0.0009)	− 0.0036 ** (0.0015)	− 0.0004 (0.0005)	− 0.0056 (0.0078)
PFE	0.0005 (0.0706)	− 0.1083 (0.1592)	0.3913 *** (0.0832)	− 0.5059 (0.5530)
常数项	− 0.0210 (0.1446)	0.2147 (0.3838)	− 0.3969 ** (0.1561)	− 1.7891 (1.5376)
N	3989	3989	6202	6202
R^2	0.0475	0.0265	0.0813	0.0884

6.5.2　基于城乡家庭的共富效应分析

缩小城乡居民之间的收入差距是实现共同富裕的关键所在，那么数字普惠金融与营商环境带来的创业和增收效益是否在城乡家庭之间存在差异性影响，是否推进了共同富裕的实现呢？围绕这个问题，本章进一步采用2019 年中国家庭金融调查（CHFS）数据库中的城镇家庭微观数据，与2017 年的地级市数字金融指数和 2017 年的地级市营商环境指数进行匹配，同时剔除异常样本和极端值，对数据进行 1% 双缩尾处理，共获得了22276 个城镇家庭样本。基于模型（6 - 2）对城镇样本数据进行 OLS 回归，此处同样仅选取是否创业（ES(Y/N)）和工商业收入（ICI）作为被解释变量，结果见表 6 - 7 的（1）列和（2）列，表 6 - 7 的（3）列和（4）列为农村家庭样本的 OLS 回归结果。可以看到，不论是城镇家庭样本还是农村家庭样本，数字普惠金融（DIF）系数均显著为正，但农村家庭样本中的系数大于城镇家庭样本，数字普惠金融对农村家庭的创业行为和创业收入的促进作用更加显著；营商环境（*BEI*）系数，在农村家庭样本中显著为负，但在城镇家庭样本中却显著为正，说明营商环境仅促进了城镇家庭的创业行为和创业收入；数字普惠金融和营商环境的交互项（*DIF × BEI*）系数在城镇家庭和农村家庭样本中均显著为正，但对城镇家庭创业的影响系数更大。以上结果表明，数字普惠金融对家庭创业行为和创业收入的影响，有利于缩小城乡居民收入差距，但营商环境的改善主要促进了城镇家庭创业，并没有惠及农村家庭，也导致了数字普惠金融与营商环境的协同创业效应在城镇家庭中更为明显，并不利于从创业角度缩小城乡之间的收入差距，因此加强农村地区的营商环境改善仍是未来政策改革的着力点和重点。

表 6 – 7　数字普惠金融的创业共富效应：基于城乡家庭的异质性结果

变量	（1）	（2）	（3）	（4）
	城镇家庭创业		农村家庭创业	
	IC(*Y/N*)	*ICI*	*ES*(*Y/N*)	*ICI*
DIF	0.0011 ***	0.0074 **	0.0023 ***	0.0114 ***
	(0.0003)	(0.0032)	(0.0005)	(0.0044)
BEI	0.0023 **	0.0145 **	– 0.0139 ***	– 0.0534 ***
	(0.0011)	(0.0072)	(0.0036)	(0.0202)
DIF × BEI	0.0015 ***	0.0066 ***	0.0007 ***	0.0016 **
	(0.0006)	(0.0021)	(0.0002)	(0.0008)
Gender	0.0304 ***	0.1595	0.0479 ***	0.0327
	(0.0048)	(0.1697)	(0.0092)	(0.0587)
Age	– 0.0050 ***	– 0.0247 ***	– 0.0054 ***	– 0.0093 **
	(0.0002)	(0.0053)	(0.0003)	(0.0038)
Education	– 0.0181 ***	– 0.5699 ***	0.0231 ***	0.1125 **
	(0.0016)	(0.1190)	(0.0045)	(0.0550)

续表

变量	（1）	（2）	（3）	（4）
	城镇家庭创业		农村家庭创业	
	$IC(Y/N)$	ICI	$ES(Y/N)$	ICI
Party	−0.0213 *** （0.0056）	−0.6427 *** （0.2015）	0.0219 * （0.0119）	0.0297 （0.1147）
Health	−0.0206 *** （0.0025）	−0.1668 ** （0.0741）	−0.0399 *** （0.0037）	−0.1053 *** （0.0291）
HI	0.0012 *** （0.0002）	0.2880 *** （0.0566）	0.0027 *** （0.0009）	0.0619 ** （0.0254）
PGDP	−0.0046 *** （0.0019）	−0.0232 （0.0450）	0.0176 *** （0.0034）	−0.0233 （0.0362）
PPI	−0.0019 *** （0.0006）	0.0260 * （0.0150）	0.0062 *** （0.0009）	−0.0003 （0.0062）
PTI	0.0009 *** （0.0003）	0.0181 （0.0126）	0.0006 （0.0007）	−0.0055 （0.0049）
PFE	−0.1085 ** （0.0425）	−1.2796 （0.8166）	0.2407 *** （0.0593）	−0.2610 （0.3561）
常数项	0.3384 *** （0.0680）	2.2129 （1.5706）	−0.2222 ** （0.1115）	−1.3518 （1.1010）
N	20033	20033	10195	10195
R^2	0.0697	0.3139	0.0900	0.0876

6.5.3　基于不同地区的共富效应分析

缩小收入差距、城乡差距和地区差距，是实现共同富裕的三大主攻方向。接下来，本章将农村家庭样本按照地区划分为中国东北部、东部、西部、中部地区四个子样本，为展示共同富裕的效果，这里被解释变量仅采用工商业收入（ICI），表6－8为不同地区子样本基于模型（6－2）的

OLS 实证结果。首先，数字普惠金融（*DIF*）系数在东部和西部地区显著为正，在东北部和中部地区系数为正，但并不显著，说明数字普惠金融主要改善了东部和西部地区的农村家庭创业收入；其次，营商环境（*BEI*）系数在东部地区显著为正，在东北部、西部和中部地区均显著为负，表明营商环境主要促进了东部地区农村家庭的创业收入；最后，数字普惠金融与营商环境的交互项（*DIF* × *BEI*）系数在四个地区均为正，但仅在东部和西部地区的影响显著，说明数字普惠金融与营商环境对创业收入的协同效应在东部和西部地区更加明显。综上结果表明，从促进地区间共同富裕的角度出发，数字普惠金融显著促进了西部[①]农村家庭的创业收入，但在东北部和中部地区的正面效益仍要加强；营商环境并没有促进东北部、西部和中部地区的农村家庭创业收入，要继续推进针对这三个地区农村家庭的营商环境优化；数字普惠金融和营商环境的协同创业效应虽然在西部农村家庭很显著，但是对于东北部和中部地区而言，仍要继续发挥两者的正面协同效应。

表 6 – 8　　数字普惠金融的创业共富效应：基于地区的异质性结果

变量	(1)	(2)	(3)	(4)
	东北部	东部	西部	中部
	ICI			
DIF	0.0079 (0.0049)	0.0166 *** (0.0072)	0.0009 *** (0.0004)	0.0188 (0.0123)
BEI	– 0.0145 ** (0.0072)	0.0005 *** (0.0002)	– 0.0005 *** (0.0002)	– 0.0045 ** (0.0021)
DIF × *BEI*	0.0005 (0.0004)	0.0016 ** (0.0008)	0.0007 *** (0.0003)	0.0016 (0.0033)

---

① 这里认为东部地区是富裕和参照地区，基于共同富裕的角度，主要从西部、东北部和中部地区考察数字普惠金融与营商环境是否促进了农户创业型收入。下同。

续表

变量	（1） 东北部	（2） 东部	（3） 西部	（4） 中部
	ICI			
Gender	− 0. 0030 （0. 0366）	0. 0264 （0. 0177）	0. 0946 （0. 0611）	0. 0105 （0. 0907）
Age	− 0. 0026 （0. 0039）	− 0. 0195 ** （0. 0083）	− 0. 0070 ** （0. 0030）	0. 0025 （0. 0073）
Education	0. 0445 （0. 0552）	0. 2823 * （0. 1536）	0. 0019 （0. 0876）	0. 1000 ** （0. 0487）
Party	0. 1303 ** （0. 0650）	0. 1747 （0. 3168）	0. 0327 （0. 1183）	− 0. 1458 （0. 1338）
Health	− 0. 0278 ** （0. 0119）	− 0. 1642 ** （0. 0746）	0. 0135 （0. 0388）	− 0. 1220 *** （0. 0331）
HI	0. 0337 * （0. 0181）	0. 0764 （0. 0562）	0. 0455 *** （0. 0154）	0. 0854 *** （0. 0295）
PGDP	− 0. 0789 ** （0. 0369）	− 0. 0533 （0. 0811）	− 0. 0289 （0. 0264）	− 0. 0107 （0. 0619）
PPI	− 0. 0147 ** （0. 0058）	− 0. 0418 ** （0. 0208）	0. 0062 （0. 0079）	0. 0093 （0. 0152）
PTI	− 0. 0003 （0. 0041）	− 0. 0189 （0. 0145）	− 0. 0002 （0. 0077）	− 0. 0117 （0. 0108）
PFE	0. 6993 （0. 6196）	− 0. 2807 （1. 4591）	− 1. 2309 ** （0. 5647）	2. 4294 * （1. 2413）
常数项	1. 8898 （1. 1535）	− 0. 8323 （2. 0055）	0. 4459 （1. 1503）	− 1. 3511 （2. 6003）
N	962	3197	3111	2925
R^2	0. 1311	0. 1008	0. 0733	0. 1246

6.6　小　　结

在共同富裕背景下，通过数字普惠金融和营商环境优化来提升农村家庭创业水平，既是新时期多样化农村居民收入的内在要求，也是补齐乡村金融供给不足短板和激发乡村创业活力的有效路径。本章基于中国家庭金融调查（CHFS）数据库中的微观农户家庭数据，实证考察了数字普惠金融、营商环境及其协同效应对农村家庭创业行为和创业收入的影响，得出了以下几点重要结论：首先，数字普惠金融显著提高了农村家庭的创业行为和创业收入，且营商环境的改善会加深这一影响，数字普惠金融与营商环境的协同效应将进一步促进农村家庭的创业；其次，营商环境并没有显著提高农村家庭创业，主要原因在于金融环境的改善并没有很好地惠及农村群体，但数字普惠金融却改善了这一负面影响，营商环境得到数字普惠金融赋能后，将显著提高农村家庭创业；最后，数字普惠金融与营商环境对农村家庭创业的协同效应在不同创业类型、不同人群、不同地区间存在异质性影响，并由此带来的共富效果也存在差异性。

第 7 章

数字普惠金融提高农户财产性
收入的机制研究

本章基于中国乡村振兴综合调查（CRRS）数据库和北京大学数字普惠金融指数数据库，实证考察了数字普惠金融对农户财产性收入的影响及其作用机制，研究结果表明：数字普惠金融显著促进了农户的财产性收入，特别是土地流转收入，且这种正面效应主要通过数字普惠金融的服务深度和数字化水平来体现；数字普惠金融通过直接影响农户的土地转入行为，进而间接影响农户的土地转出行为，并因此增加了农户土地转包收入和财产性收入；机制检验结果表明，数字普惠金融通过提高农户的数字化应用和信贷可得性促进了农户的土地转入行为；异质性分析结果表明，数字普惠金融显著促进了劳动能力强的农户的土地转入行为和劳动能力弱的农户的土地转出行为，并以此开拓了弱势劳动能力农户的财产性增收渠道。另外，数字普惠金融对农户土地流转行为的影响主要发生在受教育水平较低的农户样本中，也因此增加了该群体的财产性收入；实施"三权分置"政策的地区，数字普惠金融对农户财产性收入的影响更加显著。本章的研究结论，为农村土地制度改革大背景下，利用数字普惠金融促进农户土地流转行为，增加农户财产性收入，缩小城乡居民收入差距提供了政策参考。

7.1　提　出　问　题

党的二十届三中全会明确指出，规范收入分配秩序，规范财富积累机制，多渠道增加城乡居民财产性收入[①]。但截至 2022 年，农村居民 97% 的年收入来自劳动收入，几乎没有财产性收入，而城市居民的房产、股票等各种财产性收入，可能占整体收入的 50% 以上（厉以宁等，2022），城乡居民之间收入分配不平衡、不合理的问题还十分显著。为此，党的十八届三中全会对农村"三块地"的依法有序流转做了系统性的顶层设计，试图开辟增加农民财产性收入的渠道，并提出通过"赋予农民更多的财产权利"，尤其是"赋予农民对承包地占有、使用、收益、流转及承包经营权抵押、担保权能"，以增加农民土地财产收益（李江一和秦范，2022）。因此，土地流转收入作为农村居民区别于城市居民的重要收入类别，是农民财产性收入的重要补充来源，也是优化农民收入结构，缩小城乡居民收入差距的关键所在。

近年来，政府为促进农村土地流转，制定了一系列政策。先后实施了《关于引导农村土地经营权有序流转发展农业适度规模经营的意见》《关于完善农村土地所有权承包权经营权分置办法的意见》，并于 2019 年修订了《中华人民共和国农村土地承包法》，逐步明晰了由"两权分离"到"三权分置"的农地产权结构，赋予了农地经营权抵押权能，试图解决土地流转过程中的融资困境。但在试点地区，农地经营权的抵押贷款模式却被逐渐"异化"，借款人除了要抵押土地经营权外，往往还需提供其他形式的补充担保以获得贷款（张珩等，2018），甚至在流转初期，转包方就因害怕土地流失风险，而拒绝将土地经营权拿去抵押（吴一恒等，2020）。

---

① 索寒雪. 规范收入分配秩序改革　发展成果由人民共享 [EB/OL]. 中国经营报，https：//baijiahao. baidu. com/s? id = 1805362225397371163&wfr = spider&for = pc，2024 – 07 – 23.

资金约束已成为制约农地流转的重要因素，如何满足农户转入土地的资金需求，提高土地流转效率，最大限度地增加农户的土地转包收入和财产性收入，是当前亟须解决的重要课题。

随着农村网络基础设施的快速发展和网络信息的快速普及，数字普惠金融为纾解农户资金难题提供了新思路，其核心在于将大数据、信息技术、互联网科技等融入金融机构的决策流程，以提高金融对普通农户和低收入人群的触达性，缓解了农户缺乏抵押物和征信信息不足的困境，提高了农户的金融可得性。那么，数字普惠金融的发展，能否为解决农地流转过程中的资金问题带来转机，其中的作用机制是什么？是否可以通过促进农户的土地流转行为，进而带动农户的财产性增收，其中的逻辑链条又是怎样的？对于以上问题的思考，便是作者的研究初衷。基于此，本书借助中国乡村振兴综合调查（CRRS）数据库的微观农户数据，重点考察数字普惠金融对农户财产性收入，特别是对土地转包收入的影响，并从土地流转行为的视角探寻其中的作用机制。最后，在拓展分析中考察了"三权分置"政策背景下数字普惠金融对农户财产性收入和土地转包收入的影响。

本章可能的边际贡献在于：第一，本书以农村居民的财产性收入为研究对象，借助北京大学编制的"数字普惠金融指数"，将其与微观农户数据进行匹配，重点考察数字普惠金融对农户财产性收入，特别是土地转包收入的影响，为数字普惠金融与居民财产性收入的关系研究补充了来自"农户视角"与"农地视角"的探究；第二，将"数字普惠金融—农户土地流转行为—农户财产性收入"三者纳入统一分析框架并进行实证检验，从土地流转行为的视角，为数字普惠金融影响农户财产性收入的逻辑链条提供了更为清晰的证据，并分析了数字普惠金融影响农户土地流转行为的作用机制和群体差异，在拓展了研究范围的同时也深化了本书研究的政策内涵；第三，探究了土地"三权分置"政策下数字普惠金融对农户财产性收入的影响，在大力推进土地制度改革的当下，这一学术探索也将为实务界和政府部门更加全面地洞悉数字普惠金融的重要意义提供经验证据。

本章后续内容的结构安排如下：第二部分为文献综述和理论假说，对相关文献进行梳理点评，并提出本书的研究假说；第三部分为模型设计，包括数据来源、模型设计和变量选取；第四部分为实证结果，通过实证分析，检验理论假说的合理性和稳健性；第五部分为拓展研究，重点考察"三权分置"政策背景下数字普惠金融对农户财产性收入和土地转包收入的影响；第六部分为结论。

7.2　文献综述与研究假说

7.2.1　文献综述

结合全书的逻辑思路，本章将从数字普惠金融与农户财产性收入、数字普惠金融与农户土地流转行为这两个层面回顾和评论相关文献。

（1）数字普惠金融与农户财产性收入。

众多研究表明数字普惠金融兼顾了传统金融特质和数字技术特征，可以让更多的人获取更加公平的金融服务，提高了金融服务的可得性和便利性（郭峰等，2020），拓宽了居民的投融资渠道，优化了居民的资产配置效率（何宗樾等，2020），将显著促进居民家庭的财产性收入。首先，拓宽投融资渠道。数字普惠金融可以缓解居民的有限参与困境，增加家庭投资时间和空间便利性，拓宽居民的投融资渠道（周广肃和梁琪，2018）。彭等（Peng et al.，2021）的研究发现，数字金融的发展为居民提供了更加多元化的投资方式，显著提高了居民的财产性收入，并基于中国家庭的微观调查数据验证了上述观点。其次，优化资产配置。吴雨等（2021）的研究表明数字金融主要通过增加投资便利性、促进金融信息获取和提升风险承担水平等路径提升了家庭金融资产组合的有效性，进而促进了居民家庭的财产性收入。还有一些学者从数字技术、信息成本、服务边界等方面考察了数字普惠金融发展对居民金融资产配置的积极作用（周雨晴和何广文，2020；廖婧琳和周利，2020）。

另外一部分学者关注到数字普惠金融对农村居民的特定影响，并认为数字普惠金融对农村家庭的财产性收入影响更大（方霞等，2023）。罗千峰等（2023）指出，数字经济以数字技术和数据为核心要素，通过降低农业生产成本、提升生产效率和带动农户就业创业促进了农户收入增长，特别是促进了农户对农业生产要素的合理配置，提升了农业生产效率（师博和胡西娟，2022），进而带动了农民增收。单德明等（2022）考察了数字素养对农户财产性收入的影响，并认为数字素养能够降低知识和有效信息获取成本，培养和导入市场经济意识，改善资产决策和配置效率，实现农村居民的财产性收入增加，且这种作用在中老年农户和低受教育程度农户群体中更加明显。唐丹云等（2023）的研究表明，金融素养的提升主要通过提高风险资产占比、增加风险资产收益率、促进投资性房地产持有和土地转出四个渠道影响居民的财产性收入，且对低收入群体的财产性收入影响更大，有利于实现共同富裕。综上，数字普惠金融的发展可以有效缓解农村传统金融排斥，使农户更好地了解并参与金融市场，从而有更多机会获得并享受金融产品与服务（陈宝珍和任金政，2020），进而提高农村家庭的财产性收入。

（2）数字普惠金融与农户土地流转行为。

现有研究表明，农户土地流转行为受到政府产权制度（Mcmillan et al.，1989）、劳动力转移（Kung，2002）、交易费用（罗必良等，2012）、金融可得性（汪险生和李宁，2021）等多种因素影响，众多学者围绕农户土地流转行为进行了丰富探索，特别是土地流转行为中的资金约束问题。土地流转过程中不仅需要支付土地租金和交易费用，在后续转入经营后，还将面临一系列农业的资本投入（孙琳琳等，2020），资金匮乏将严重制约农户的土地流转行为。研究指出，信贷市场的不完善，将抑制农地转入需求，降低农地流转规模（Oster，2019），而信贷资金的增加，可以有效提升农户土地流转的活跃度（侯建昀和霍学喜，2016）。柳凌韵和周宏

（2017）指出信贷约束的增强，使农户租入土地和购入农机的投资受到抑制，制约了农户参与土地流转的积极性，不利于农地流转市场的健康发展。吴一恒等（2018）认为，虽然政策允许利用土地经营权抵押融资，但为了减少土地流失的风险，承包农户在契约议定中大多不同意这项政策内容的实施，导致农地转入者依然无法对土地经营权进行抵押，仍面临较强的资金约束。汪险生和李宁（2021）考察了农户信贷可得性对土地流转的影响，并指出提升农户信贷可得性能够促进农地转入，但对农地转出影响不显著。还有部分学者探索了土地流转过程中，土地确权和经营权抵押对缓解农户信贷约束的意义。姜美善和米运生（2020）的研究发现，截至2020 年，国内农地抵押贷款主要被大农户获得，普通小农户的融资约束问题仍没有很好解决。根据作者调研情况，虽然农户的融资情况近些年有所改善，但利用土地经营权进行抵押贷款时，仍会受到来自土地所有权者及信贷机构的压力。

数字普惠金融是数字技术应用于金融服务、投资、融资等活动的新型金融业务模式，克服了传统金融对抵押、担保和征信的过度依赖，以更低成本和高效率的方式为更广泛的群体提供金融服务，特别是农村群体和低收入人群（安丛梅，2024）。数字普惠金融在农村地区的不断渗透，正积极影响着农业种植业的发展，部分学者开始关注数字普惠金融对农户土地流转的影响。刘子涵等（2021）指出，数字普惠金融通过大数据技术可以精准识别交易方的资金需求和信用状况，有效降低了土地流转过程中的交易成本和信息不对称问题，提高了农地流转的效率，有利于交易双方契约的达成。方师乐等（2024）利用中国家庭追踪调查数据验证了数字金融通过促进农户的土地转出，释放了劳动力，增加了非农创业。翁飞龙和霍学喜（2023）利用 2022 年陕西省苹果主产区 407 户苹果种植大户的微观数据，实证考察了数字金融对苹果种植大户农地转入的积极影响，并认为其对新生代和家庭收入水平较低的种植户农地转入的促进作用更强。综上所述，数字普惠金融通过降低农户金融准入门槛，提高了农户的金融可得性（张永奇，2022），进而缓解了农户在土地流转行为中的资金约束，促进了农户土地流转行为的发生。

（3）文献述评。

国内外学者在数字普惠金融与居民财产性收入的关系问题上已经积累了一定数量的成果，为本书的研究奠定了坚实基础，但仍有进一步拓展的空间：第一，关于数字普惠金融对居民财产性收入影响的文献中，研究对象大多集中在城市居民或全体居民，针对农村居民家庭的研究近几年才刚刚兴起，研究成果还不够厚实，研究结论还不够丰富，导致数字普惠金融与居民财产性收入的关系中缺乏"农村视角"与"农民视角"的充分探索。第二，当前数字普惠金融对农户财产性收入的影响机制研究，侧重于风险资产收益、金融市场参与、投资性房产持有等方面，一定程度上忽视了我国农村土地制度改革的大背景下土地转包收入对农户财产性增收的重要意义，从而使得数字普惠金融对农户财产性收入的影响缺乏"农地视角"的探究。第三，尽管数字普惠金融对农户土地流转行为的影响在既有文献中已经得到印证，在一定程度上能够窥测出数字普惠金融对农户财产性收入的影响，但遗憾的是，少有文献确切地将"数字普惠金融—农户土地流转行为—农户财产性收入"联系起来，而将这三者纳入统一分析框架并进行实证检验的研究更为少见。

7.2.2　理论假说

数字普惠金融影响农户财产性收入的理论机制如图 7 – 1 所示。数字普惠金融以互联网技术和大数据应用，降低了金融服务的门槛，提高了金融的触达性，缓解了农户在土地转入过程中产生的资金约束，激发了农户的土地转入行为。由于农地的有限性和的集体化性质，导致农户个体间的土地流转行为一般在村集体内发生，意味着一部分农户的土地转入行为必然带来另一部分农户的土地转出行为。因此，数字普惠金融通过促进农户的土地转入行为，间接带动了另一部分农户的土地转出，并因此增加了这部分农户的土地转包收入和财产性收入。数字普惠金融对农户土地转入行

为的影响机制主要有以下两方面：第一，提高了农户的数字化应用。一个
地区的数字普惠金融水平越高，该地区农户的数字化应用水平就越高，农
户在网络上的留痕就越多，网络画像也更加清晰，能够获得金融贷款的概
率将大幅增加，另外，农户的数字化应用也可以帮助其在网络上主动对接
金融机构获取贷款，并进一步拓宽农户的融资渠道，改善农户在土地转入
过程中产生的资金困境。第二，增加了农户的信贷可得性。数字普惠金融
的发展极大提高了农村金融的渗透性和可负担性，解决了农户由于缺乏抵
押物和征信信息不全而导致的融资难、融资贵问题，增加了农村居民的信
贷可得性，特别是被排斥在传统金融体系之外的农户，同时也弥补了土地
流转过程中经营权无法真正实现抵押的现实困境，促进了农户租入土地和
农业投资的意愿，激发了农户转入土地的积极性。根据以上分析，本章提
出以下假说。

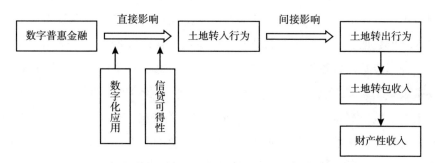

图 7 - 1　数字普惠金融对农户财产性收入的影响机制

假设 7 - 1：数字普惠金融促进了农户的财产性收入，特别是农户土地
转包收入。

假设 7 - 2a：数字普惠金融通过直接影响农户的土地转入行为，进而
间接影响农户的土地转出行为，并因此增加了农户土地转包收入和财产性
收入。

假设 7 - 2b：数字普惠金融通过提高农户的数字化应用和信贷可得
性，促进了农户的土地转入行为。

7.3　研究设计

7.3.1　数据来源

本章实证所用数据主要来源于以下数据库：一是中国乡村振兴综合调查（CRRS）数据库。该数据库是中国社会科学院农村发展研究所建设的，是依托中国社会科学院重大经济社会调查项目《乡村振兴综合调查及中国农村调查数据库建设》开展的一项全国大型农村追踪调查。调查范围覆盖我国广东、浙江、山东、黑龙江等10个省份、50个县（市、区）、150个乡（镇）、308个行政村和3833户农户，包括了农户和村庄两部分的调查问卷，在全国范围内具有较强代表性。本章使用的农户财产性收入、土地转入转出数据、农户特征和村庄特征变量均出自该数据库。二是北京大学数字普惠金融指数数据库。该数据库是由北京大学数字金融研究中心和蚂蚁金服集团共同编制的，涵盖了中国31个省（自治区、直辖市）、337个地级以上城市（地区、自治州、盟等）的相关数据，除了数字普惠金融服务总指数外，该数据库还汇报了覆盖广度、使用深度、数字化水平等分项指数，被广泛应用于数字普惠金融对农业、农户影响的文献中（孙学涛等，2022；王修华和赵亚雄，2022）。

7.3.2　模型设计与变量选取

（1）数字普惠金融对农户财产性收入的影响。

为考察数字普惠金融对农户财产性收入的影响，特别是对农户土地转包收入的影响，验证假设7-1，本章参照查里等（Chari et al.，2021）和吴雨等（2020）的方法，构建基准回归模型（7-1）。

$$PI_i = \alpha_0 + \alpha_1 DIF_p + \alpha_2 HH_i + \alpha_3 VS_v + \mu_p + \varepsilon_1 \qquad (7-1)$$

其中，PI_i 为被解释变量，表示农户家庭的财产性收入，DIF_p 为核心解释变量，表示数字普惠金融，HH_i 和 VS_v 分别表示农户特征和村庄特征的控制变量，μ_p 为区域固定效应，ε_1 为随机扰动项。α_0 为常数项，α_1、α_2 和 α_3 为待估计系数，下标 i、v 和 p 分别表示农户、村庄和省份。

首先，被解释变量。本章选取的被解释变量为农户财产性收入，以 CRRS 中农户家庭在 2019 年的财产性收入的调查数据为度量依据。农户财产性收入包括土地转出/转包收入、资产收益分红、房屋出租收入、金融资产理财收入四类。本章以 CRRS 中的财产性总收入及四项财产性分收入为被解释变量，并着重考察数字普惠金融对农户土地转出/转包收入的影响。

其次，解释变量。本书主体部分采用北京大学数字普惠金融指数作为数字普惠金融的代理变量，关于该指数的详细数据及编制过程，可以参阅郭峰等（2020）的研究。除数字普惠金融服务总指数外，本章还将进一步考察覆盖广度、使用深度、数字化水平三项分指数对农户财产性收入的影响。另外，后续稳健性检验中，本章将以中国社会科学院农村发展研究所编制的中国县域数字普惠金融指数（冯兴元等，2021）作为数字普惠金融的代理变量，对实证结果做进一步检验。

最后，控制变量。为减少遗漏变量可能带来的结果偏误问题，本章首先控制了农户层面的特征变量，包括户主的年龄、户主的性别（男性为 1，女性为 0）、户主受教育年限、户主的政治面貌（党员为 1，非党员为 0）、户主是否担任本村职务（是赋值 1，否赋值 0）；其次，村级层面的特征变量，包括村庄人均可支配收入、村庄是否位于山区（是为 1，否为 0）、村庄是否为城市郊区（是为 1，否为 0）、村委距离县政府的距离。之所以选择村级层面的控制变量，原因在于：一方面，村级层面的变量必然比市级和省级层面的变量蕴含更多的有效信息，能够得到更为可靠的估计结果；另一方面，村级层面的控制变量可以避免与省级固定效应出现多重共线性问题。

（2）数字普惠金融对农户财产性收入的影响机制。

根据假设 7 – 2a 的分析，数字普惠金融主要通过促进农户的土地转入行为，并间接影响了农户的土地转出行为，进而增加了农户的土地转包收入，并构成了农户财产性收入的重要来源。基于此，本章将构建如下模型（7 – 2），考察数字普惠金融对农户土地转入和土地转出行为的影响。

$$TDL_i/TOL_i = \beta_0 + \beta_1 DIF_p + \beta_2 HH_i + \beta_3 VS_v + \mu_p + \varepsilon_1 \qquad (7-2)$$

其中，TDL_i 表示农户在 2019 年的土地转入面积，TOL_i 为农户在 2019 年的土地转出面积。其他变量与模型（7 – 1）一致，不再赘述。本章将重点关注 β_1 的方向和显著性水平，基于假设 7 – 2a 的设定，β_1 将显著为正，表明数字普惠金融显著促进了农户的土地流转行为。

数字普惠金融以数字化手段增加了农户的信贷可得性，缓解了农户在土地转入过程中的资金约束，进而促进了农户土地转入行为的发生。为验证假设 7 – 2b 的合理性，本章在模型（7 – 2）的基础上，添加机制变量，构建交互项模型（7 – 3）。

$$TDL_i = \gamma_0 + \gamma_1 DIF_p + \gamma_2 RM_i + \gamma_3 DIF_c \times RM_i + \gamma_4 HH_i + \gamma_5 VS_v + \mu_p + \varepsilon_1$$

$$(7-3)$$

模型（7 – 3）中，TDL_i 表示农户的土地转入面积，RM_i 为机制变量，代表数字普惠金融对农户土地转入行为的影响机制，主要包括提高了农户的数字化应用和信贷可得性。其中，数字化应用根据问卷调查中"家庭上网设备"的问题答案设定，无家庭上网设备取值为 0，拥有智能手机、平板、笔记本电脑/台式电脑中的几项则取值为几，样本取值在 0 ~ 3，取值越高，代表农户的数字化应用水平越高；信贷可得性依据农户在金融机构中实际获得的贷款金额确定。$DIF_c \times RM_i$ 为数字普惠金融与机制变量的交互项，本章将重点关注交互项系数 γ_3 的方向和显著性水平。此外，表 7 – 1 对本章的样本数据进行了描述性统计，关键变量的均值和标准差表明，样本分布并不均衡，存在一定差异，能够反映不同地区、不同农村家庭的特征，样本的选取具有普遍意义上的代表性。

表 7 - 1　　　　　　　　　　变量定义及描述性统计

变量名称	变量标识	变量含义	均值	标准差
财产性总收入	PI	财产性总收入（万元）	0.278	1.867
土地转出/转包收入	LTI	土地转出/转包收入（万元）	0.146	0.824
资产收益分红	ADI	资产收益分红收入（万元）	0.119	1.860
房屋出租收入	RHI	房屋出租收入（万元）	0.124	1.219
金融资产理财收入	FWMI	金融资产理财收入（万元）	0.059	0.789
数字普惠金融	DIF	该地区数字普惠金融总指数	324.619	29.512
覆盖广度	DIF - SB	该地区数字普惠金融覆盖广度指数	309.124	24.172
使用深度	DIF - SD	该地区数字普惠金融使用深度指数	311.798	49.166
数字化水平	DIF - DL	该地区数字化水平指数	399.104	20.526
土地转入面积	TDL	农户转入土地的面积（亩）	12.964	71.405
土地转出面积	TOL	农户转出土地的面积（亩）	2.286	8.979
数字化应用	Internet device	农户无家庭上网设备取值为 0，拥有智能手机、平板、笔记本电脑/台式电脑中的 1 项或多项，样本取值在 0~3	1.297	0.756
信贷可得性	CA	农户在金融机构中实际获得的贷款额度（万元）	13.108	61.380
年龄	Age	户主年龄（岁）	55.109	11.237
性别	Sex	户主性别，男性为 1，女性为 0	0.934	0.248
教育年限	Adu	户主受教育年限（年）	7.831	3.210
政治面貌	Party	户主是党员赋值 1，否赋值 0	0.234	0.423
是否担任本村职务	Post	户主担任职务为 1，否为 0	0.153	0.360
村庄人均可支配收入	PCDI	村庄的人均可支配收入（万元）	1.559	1.748
村庄是否位于山区	Mountain area	村庄位于山区为 1，否为 0	0.330	0.470
村庄是否为城市郊区	City suburbs	村庄是城市郊区为 1，否为 0	0.212	0.408
村委距离县政府距离	CGD	村委距离县政府的距离（公里）	23.373	17.093
三权分置政策	Policy	2019 年及之前年份就实施的省份赋值为 1；2019 年以后实施的省份赋值为 0	0.808	0.394

7.4 实 证 结 果

7.4.1 数字普惠金融对农户财产性收入的影响

由于本章所用数据为截面数据，因此未采用面板数据常用的固定效应模型，而是在采用个体聚类稳健标准差的基础上，控制了区域效应，并使用 OLS 模型汇报实证结果。表 7-2 展示了当解释变量为数字普惠金融总指数时，模型（7-1）的实证结果。（1）列，数字普惠金融总指数（DIF）对财产性总收入（PI）的影响系数为 0.453，并在 1% 置信水平下显著为正；（2）列，数字普惠金融总指数（DIF）对土地转出/转包收入的影响在 5% 置信水平下显著为正，系数为 0.393；但（3）列至（5）列的结果显示，数字普惠金融总指数（DIF）对资产收益分红（ADI）、房屋出租收入（RHI）、金融资产理财收入（FWMI）的影响均不显著。据此可以判断，数字普惠金融对农户财产性收入的正面效应，主要是通过促进农户土地转出/转包收入实现，且数字普惠金融每增加 10%，就会提高农户 4.5% 的财产性收入和 3.9% 的土地转出/转包收入。这初步说明了数字普惠金融确实有助于提高农户的财产性收入，特别是土地转出/转包收入，并且这种提升作用无论是在统计意义还是经济意义上都是十分显著的。以上结果对假设 7-1 给出了支持性证据。

表 7-2　数字普惠金融对农户财产性收入影响的实证结果（总指数）

变量	(1)	(2)	(3)	(4)	(5)
	PI	LTI	ADI	RHI	FWMI
DIF	0.453 *** (0.154)	0.393 ** (0.162)	0.001 (0.060)	0.094 (0.083)	0.013 (0.039)

续表

变量	(1) PI	(2) LTI	(3) ADI	(4) RHI	(5) FWMI
Age	0.006 * (0.003)	0.001 (0.002)	0.003 (0.006)	0.001 (0.002)	−0.002 (0.001)
Sex	0.006 (0.064)	−0.075 * (0.043)	0.035 (0.072)	0.057 (0.040)	0.017 (0.031)
Adu	0.023 ** (0.010)	0.016 (0.011)	−0.007 (0.012)	0.028 ** (0.012)	0.013 ** (0.005)
Party	0.042 (0.114)	0.061 * (0.032)	−0.061 (0.152)	0.130 (0.107)	−0.012 (0.053)
Post	0.167 (0.215)	−0.051 * (0.029)	0.385 (0.359)	0.081 (0.121)	−0.044 (0.087)
PCDI	0.009 (0.011)	0.021 *** (0.006)	−0.019 (0.046)	−0.002 (0.015)	0.012 (0.024)
Mountain area	−0.087 (0.075)	−0.057 * (0.031)	−0.124 (0.087)	0.206 * (0.122)	−0.023 (0.047)
City suburbs	0.152 (0.129)	−0.040 (0.029)	0.236 (0.231)	0.055 (0.111)	0.053 (0.108)
CGD	−0.002 (0.001)	−0.001 (0.001)	−0.0004 (0.001)	−0.003 (0.002)	0.001 (0.002)
区域效应	Yes	Yes	Yes	Yes	Yes
常数项	−132.723 *** (45.115)	−114.609 ** (47.527)	−0.334 (17.664)	−27.816 (24.231)	−3.874 (11.516)
N	3096	2064	1752	1685	1733
R^2	0.020	0.041	0.027	0.097	0.014

注：* 、** 和 *** 分别表示在 10% 、5% 和 1% 的置信水平下显著；括号内为聚类稳健标准误；下同。

接下来，本章将进一步检验数字普惠金融各项分指数对农户财产性收入的影响。结合表 7 - 2 的实证结果，也为突出研究重点，表 7 - 3 中仅选用财产性总收入（PI）和土地转出/转包收入（LTI）作为模型（7 - 1）的被解释变量。表 7 - 3 （1）列和（4）列的结果表明，覆盖广度（$DIF - SB$）对财产性总收入（PI）的影响在 1% 置信水平下显著为负，对土地转出/转包收入（LTI）的影响同样在 5% 置信水平下显著为负，说明数字普惠金融的覆盖广度指数对农户的财产性收入不存在正面影响。（2）列和（5）列，当解释变量为使用深度（$DIF - SD$）时，对财产性总收入（PI）和土地转出/转包收入（LTI）的影响均显著为正，系数分别为 0.008 和 0.007。最后，（3）列和（6）列的结果表明，数字化水平（$DIF - DL$）对财产性总收入（PI）的影响系数为 0.013，在 1% 置信水平下显著为正，对土地转出/转包收入（LTI）的影响系数为 0.011，在 5% 置信水平下显著为正。表 7 - 3 的实证结果表明，数字普惠金融主要通过使用深度的增加和数字化水平的提升，促进了农户的财产性收入，覆盖广度的提升对农户的财产性收入不存在正面影响。综上所述，通过数字普惠金融总指数和分指数的实证结果验证了假设 7 - 1 的合理性。另外，表 7 - 3 的结果也对上文假设 7 - 2 的机制分析给出了侧面回应，即数字普惠金融主要通过提高农户的数字化应用（数字化水平指数），并增加了农户的实际信贷额度（使用深度指数）促进了土地流转行为，进而增加了农户的土地转出/转包收入。当然，更为严谨的机制检验结果将在后文予以呈现。

表 7 - 3　数字普惠金融对农户财产性收入影响的实证结果（分指数）

变量	PI			LTI		
	（1）	（2）	（3）	（4）	（5）	（6）
$DIF - SB$	- 0.011 *** (0.004)			- 0.009 ** (0.004)		
$DIF - SD$		0.008 *** (0.003)			0.007 ** (0.003)	

变量	PI			LTI		
	(1)	(2)	(3)	(4)	(5)	(6)
DIF – DL			0.013 *** (0.004)			0.011 ** (0.005)
控制变量	Yes	Yes	Yes	Yes	Yes	Yes
区域效应	Yes	Yes	Yes	Yes	Yes	Yes
常数项	3.011 *** (1.051)	– 2.080 *** (0.720)	– 4.798 *** (1.631)	3.031 *** (1.119)	– 1.381 * (0.719)	– 3.737 ** (1.688)
N	3096	3096	3096	2064	2064	2064
R^2	0.020	0.020	0.020	0.041	0.041	0.041

7.4.2　数字普惠金融对农户财产性收入的影响机制

本部分机制检验的技术路线如下：第一，检验数字普惠金融对农户土地转入和土地转出行为的影响；第二，考察农户土地转出行为对农户财产性收入的影响；第三，基于数字化应用和信贷可得性这两个机制变量，以交互项模型检验数字普惠金融对农户土地转入行为的影响机制；第四，分组探讨数字普惠金融对农户土地转入和土地转出行为的差异化影响。

表 7 – 4 汇报了数字普惠金融对农户土地转入和土地转出行为的影响，即模型（7 - 2）的实证结果。（1）列至（3）列的被解释变量为农户土地转入面积，（4）列至（6）列的被解释变量为农户土地转出面积。其中，（1）列，数字普惠金融总指数（DIF）在 1% 统计水平下显著提高了农户的土地转入面积（TDL），系数为 93.784，（2）列和（3）列的结果同样表明，使用深度（DIF – SD）与数字化水平（DIF – DL）分指数对农户的土地转入面积（TDL）的影响也均在 1% 统计水平下显著为正，系数分别为 1.579 和 2.605。以上结果表明，数字普惠金融显著促进了农户的土地转入行为。同时，表 7 – 4 中（4）列至（6）列的结果显示，数字普惠金

融对农户土地转出面积的影响也显著为正，但根据上文的理论分析，这种影响更多的是通过促进其他农户土地转入行为间接传递的，也正因此，导致了数字普惠金融对农户土地转出面积的影响系数相对较小，显著性也有所下降。以上结果表明，数字普惠金融显著促进了农户的土地流转行为，通过促进农户的土地转入行为，间接带动了另一部分农户的土地转出，并因此增加了这部分农户的土地转包收入。

表7-4　　　　数字普惠金融对农户土地流转行为影响的实证结果

变量	TDL			TOL		
	(1)	(2)	(3)	(4)	(5)	(6)
DIF	93.784*** (16.215)			5.582** (2.268)		
DIF - SD		1.579*** (0.273)			0.094** (0.038)	
DIF - DL			2.605*** (0.450)			0.155** (0.063)
控制变量	Yes	Yes	Yes	Yes	Yes	Yes
区域效应	Yes	Yes	Yes	Yes	Yes	Yes
常数项	-273.797*** (47.396)	-347.036*** (66.203)	-909.525*** (163.177)	-163.185** (66.385)	-22.849** (10.175)	-56.329** (23.748)
N	3510	3510	3510	3525	3525	3525
R^2	0.076	0.076	0.076	0.062	0.062	0.062

表7-5的实证结果进一步验证了农户土地转出行为对农户财产性收入，特别是土地转包收入的影响。可以看到，(1) 列和 (2) 列，当被解释变量分别为财产性收入和土地转出/转包收入时，土地转出面积（TOL）的系数均在1%水平下显著为正，表明农户的土地转出行为确实增加了农户的财产性收入，且主要是通过增加土地转包收入实现的。综上，表7-4

和表 7 – 5 的结果验证了假设 7 – 2a 的合理性，即数字普惠金融通过促进农户的土地转入行为，间接影响了农户的土地转出行为，进而增加了农户的土地转包收入和财产性收入。

表 7 – 5　　　　　　土地转出行为对农户财产性收入影响的实证结果

变量	(1)	(2)
	PI	LTI
TOL	0. 029 *** (0. 002)	0. 032 *** (0. 002)
控制变量	Yes	Yes
区域效应	Yes	Yes
常数项	– 0. 090 (0. 195)	0. 159 (0. 108)
N	2926	1971
R^2	0. 035	0. 190

　　前文仅就"数字普惠金融—农户土地流转行为—农户财产性收入"之间的影响进行了整体刻画，阐述了数字普惠金融通过促进农户土地流转行为增加了农户的财产性收入，但数字普惠金融如何促进农户的土地流转行为，其中的机制"黑箱"尚未打开。为此，下文将针对"数字普惠金融—农户土地流转行为"二者之间的影响机制进行识别检验。根据假设 7 – 2b 的分析，数字普惠金融对农户土地转入行为的两条影响机制分别为提高了农户的数字化应用和信贷可得性，表 7 – 6 和表 7 – 7 的结果将对此给予证据支撑。又因数字普惠金融对农户土地转出行为的作用是通过影响土地转入行为间接传递的，因此机制检验中仅选用"土地转入面积"作为被解释变量进行考察。表 7 – 6 汇报了数字化应用这一机制变量的实证结果，（1）列，数字普惠金融总指数与数字化应用的交互项（*DIF × Internet device*）系数为 0. 936，在 5% 统计水平下显著为正；（2）列，使用

深度分指数与数字化应用的交互项（$DIF-SD \times Internet\ device$）系数为 0.408，在 10% 统计水平下显著为正；（3）列，数字化水平分指数与数字化应用的交互项（$DIF-DL \times Internet\ device$）系数为 0.936，在 1% 统计水平下显著为正，特别地，此时数字化水平分指数（$DIF-DL$）对土地转入面积（TDL）的影响不再显著，说明其对农户土地转入行为的影响被交互项（$DIF-DL \times Internet\ device$）所吸收，即该地区数字化水平的提高显著增加了农户的数字化应用，并以此促进了农户的土地流转行为。

表 7-6　　数字普惠金融对农户土地转入行为的影响机制——数字化应用

变量	TDL		
	(1)	(2)	(3)
DIF	101.483 *** (16.665)		
$DIF-SD$		1.714 *** (0.275)	
$DIF-DL$			2.838 (1.725)
$DIF \times Internet\ device$	0.936 ** (0.452)		
$DIF-SD \times Internet\ device$		0.408 * (0.210)	
$DIF-DL \times Internet\ device$			0.936 *** (0.321)
$Internet\ device$	37.618 (30.467)	19.971 (19.514)	44.475 (60.931)
控制变量	Yes	Yes	Yes
区域效应	Yes	Yes	Yes

续表

变量	TDL		
	(1)	(2)	(3)
常数项	−296.364*** (48.703)	−385.904*** (65.868)	−100.036*** (15.999)
N	3281	3281	3281
R²	0.079	0.079	0.079

表7-7　数字普惠金融对农户土地转入行为的影响机制——信贷可得性

变量	TDL		
	(1)	(2)	(3)
DIF	146.447*** (32.973)		
DIF − SD		2.475* (1.260)	
DIF − DL			4.081*** (0.922)
DIF × CA	0.497*** (0.156)		
DIF − SD × CA		0.186*** (0.052)	
DIF − DL × CA			0.326** (0.144)
CA	1.901 (1.998)	0.846 (1.048)	1.556 (2.450)
控制变量	Yes	Yes	Yes
区域效应	Yes	Yes	Yes
常数项	−427.939*** (96.415)	−582.159*** (138.003)	−146.275*** (36.329)

变量	TDL		
	（1）	（2）	（3）
N	1344	1344	1344
R^2	0.097	0.095	0.095

表7-7汇报了信贷可得性这一机制变量的实证结果，（1）列，数字普惠金融总指数与信贷可得性的交互项（$DIF \times CA$）系数为0.497，在1%统计水平下显著为正；（2）列，使用深度分指数与信贷可得性的交互项（$DIF - SD \times CA$）系为0.186，在1%统计水平下显著为正；（3）列，数字化水平分指数与信贷可得性的交互项（$DIF - DL \times CA$）系数为0.326，在5%统计水平下显著为正。另外，（1）列至（3）列中，数字普惠金融的代理变量系数也均显著为正，说明数字普惠金融通过增加农户的信贷可得性，显著促进了农户的土地转入行为。以（2）列为例，$DIF - SD \times CA$的系数为0.186，在信贷可得性（CA）的平均值13.108处，数字普惠金融的使用深度（$DIF - SD$）每增加1个单位，农户土地转入面积（TDL）就会增加2.438个单位，与TDL的均值（12.964）相比，相当于会增加农户18.81%的转入面积，具有经济意义上的显著性。至此，数字普惠金融影响农户土地转入行为的两条作用机制得到验证，假设7-2b得到检验。

前文中，我们并没有区分样本农户的类型，从而有可能掩盖样本农户之间的异质性，为此，后文将根据农户的劳动能力和受教育水平对样本进行界分，并将其进一步嵌入"数字普惠金融—农户土地流转行为"的范式中进行检验，以期识别哪一类农户的土地流转行为受数字普惠金融的影响更加显著。参照杨艳琳和付晨玉（2019）的思路，以农户的年龄是否在16~60岁，将农户划分为劳动能力高低分组，按照教育水平是否初中及以上，将农户划分为教育水平高低分组。表7-8和表7-9将农户划分为劳动能力强和劳动能力弱的两个子样本，并汇报了模型（7-2）的实证结果，表 7 - 8 的结果表明，在劳动能力强的农户样本中，数字普惠金融对农户土地转入行为的影响均在 1% 统计水平上显著为正，但对该部分农户的土地转出行为不存在显著影响。继续观察表 7 - 9 的实证结果，可以看出，在劳动能力弱的农户样本中，数字普惠金融对农户土地转出行为的影响更加显著，而对该部分农户的土地转入行为影响程度明显下降，甚至在表 7 - 9（1）列中，数字普惠金融总指数（DIF）对土地转入面积（TDL）的影响并不显著。以上结果表明，数字普惠金融显著促进了劳动能力强的农户的土地转入行为，相应地，劳动能力弱的农户将更多地选择将土地进行转出，并获得土地转包收入，也以此增加了财产性收入。

表 7 - 8　　　　数字普惠金融对农户土地流转行为影响的
实证结果——劳动能力强分组

变量	TDL			TOL		
	（1）	（2）	（3）	（4）	（5）	（6）
DIF	95.825 *** (14.880)			2.696 (1.933)		
DIF - SD		1.613 *** (0.251)			0.045 (0.033)	
DIF - DL			2.662 *** (0.413)			0.075 (0.054)
控制变量	Yes	Yes	Yes	Yes	Yes	Yes
区域效应	Yes	Yes	Yes	Yes	Yes	Yes
常数项	- 279.757 *** (43.496)	- 354.597 *** (61.359)	- 929.329 *** (150.091)	- 788.114 (565.532)	- 10.956 (8.552)	- 27.127 20.102
N	2395	2395	2395	2394	2394	2394
R^2	0.099	0.099	0.099	0.042	0.042	0.042

表7－9 数字普惠金融对农户土地流转行为影响的实证
结果——劳动能力弱分组

变量	TDL			TOL		
	（1）	（2）	（3）	（4）	（5）	（6）
DIF	82. 303 (53. 435)			14. 882 *** (4. 843)		
DIF－SD		1. 386 * (0. 832)			0. 251 ** (0. 115)	
DIF－DL			2. 286 * (1. 373)			0. 413 ** (0. 190)
控制变量	Yes	Yes	Yes	Yes	Yes	Yes
区域效应	Yes	Yes	Yes	Yes	Yes	Yes
常数项	－240. 276 * (144. 198)	－304. 043 * (171. 847)	－797. 679 * (467. 352)	434. 605 ** (200. 600)	－56. 036 ** (28. 314)	－145. 302 ** (69. 279)
N	1115	1115	1115	1131	1131	1131
R^2	0. 033	0. 033	0. 033	0. 140	0. 140	0. 140

　　表7－10和表7－11将总样本划分为受教育水平高和受教育水平低的两个子样本，并汇报了模型（7－2）的实证结果。表7－10的结果表明，在受教育水平高的农户样本中，数字普惠金融对农户的土地转入行为和土地转出行为均不存在显著影响，而表7－11的结果表明，在受教育水平低的农户样本中，数字普惠金融对农户土地的转入和转出行为均呈现显著正向影响，且对农户土地转入行为的影响更加显著。以上结果揭示了，数字普惠金融对农户土地流转行为的影响主要发生在受教育水平较低的农户样本中，可能的原因在于受教育水平高的农户大多会选择从事工商业生产经营或外出就业，"种地"行为大多发生在受教育水平相对较低的农户群体中。也因此，数字普惠金融通过促进受教育水平较低的农户土地的流转行为，进而增加了该部分人群的土地转包收入，促进了农户的财产性增收。

表 7 – 10　　　　　数字普惠金融对农户土地流转行为影响的
实证结果——受教育水平高分组

变量	TDL			TOL		
	(1)	(2)	(3)	(4)	(5)	(6)
DIF	16.942 (94.136)			9.670 (11.899)		
DIF – SD		0.285 (1.585)			0.163 (0.200)	
DIF – DL			0.471 (2.615)			0.269 (0.331)
控制变量	Yes	Yes	Yes	Yes	Yes	Yes
区域效应	Yes	Yes	Yes	Yes	Yes	Yes
常数项	– 48.707 (275.521)	12.769 (425.038)	– 88.846 (985.478)	– 283.422 (348.157)	– 46.909 (51.738)	– 104.907 (123.025)
N	520	520	520	521	521	521
R^2	0.103	0.103	0.103	0.061	0.061	0.061

表 7 – 11　　　　数字普惠金融对农户土地流转行为影响的实证
结果——受教育水平低分组

变量	TDL			TOL		
	(1)	(2)	(3)	(4)	(5)	(6)
DIF	98.341 *** (15.357)			4.876 ** (1.956)		
DIF – SD		1.656 *** (0.259)			0.082 ** (0.033)	
DIF – DL			2.731 *** (0.427)			0.135 ** (0.054)
控制变量	Yes	Yes	Yes	Yes	Yes	Yes
区域效应	Yes	Yes	Yes	Yes	Yes	Yes

续表

变量	TDL			TOL		
	（1）	（2）	（3）	（4）	（5）	（6）
常数项	-287.135*** (44.876)	-366.999*** (61.605)	-956.825*** (153.417)	-142.460** (57.202)	-19.061** (8.354)	-48.307** (20.058)
N	2990	2990	2990	3004	3004	3004
R^2	0.080	0.080	0.080	0.068	0.068	0.068

7.4.3　内生性与稳健性检验

本部分从以下两方面进行内生性检验与稳健性检验，结果与上文回归结果基本一致。

（1）内生性检验。

尽管本章选取的数字普惠金融指数为省级数据，农户数据为微观个体数据，在一定程度上缓解了农户微观数据对省级层面数字普惠金融指数的逆向因果问题，但仍不能完全排除变量之间潜在的相关和自相关关系，为了进一步解决由此产生的内生性问题，本章参照张勋等（2019）和钱海章等（2020）的做法，分别选取各省份与杭州市的空间球面距离，以及数字普惠金融指数的滞后一期作为数字普惠金融的工具变量，并采用2SLS工具变量法和LIML最大似然法对上文模型进行检验估计。结果表明，上文OLS估计并没有过度高估因果处理效应，本章的内生性问题并没有达到严重的程度，且通过工具变量检验进一步证明了本章结论的可靠性。

（2）稳健性检验。

一方面，由于本章选取的数字普惠金融指数在不同省份间可能存在指标衡量的变化，存在某种程度上的离散度问题，因此参照牛志伟等（2023）的做法，本章选取数字普惠金融总指数以及分指数的对数值作为替换变量，进行重新回归，结果显示与上文中的回归保持高度一致；另一方面，采用中国社会科学院农村发展研究所编制的中国县域数字普惠金融指数对数字普惠金融进行度量,并采用该指数中的服务深度、服务广度、服务质量三项分指数做进一步的回归,实证结果虽与上文有所差异,但基本也验证了本章的理论假说。

7.5 进一步分析

"三权分置"作为一项政策改革,2014 年由国务院正式提出,2019年在法律上予以明晰。最新的《中华人民共和国农村土地承包法》规定:"承包方可以自主决定依法采取出租(转包)、入股或者其他方式向他人流转土地经营权,并向发包方备案。""受让方通过流转取得的土地经营权,经承包方书面同意并向发包方备案,可以向金融机构融资担保"。一方面,"三权分置"政策的实施极大促进了农户土地的流转行为(Chen et al. ,2021),但流转过程中产生的租金、交易费用及后期的资本投入,也使得农户产生了大量的资金需求。另一方面,"三权分置"政策中的土地经营权可抵押贷款在现实操作中却面临诸多困境,承包农户为减少土地流失风险,在契约合同中往往"不同意拿去抵押",导致转入农户无法将土地经营权进行抵押贷款,仍面临较强的资金约束(周力和沈坤荣,2022)。那么,在此现实背景下,数字普惠金融的发展是否会弥补土地流转过程中产生的资金缺口,与"三权分置"政策产生良性互补,并进一步促进农户的土地转包收入和财产性收入呢?下文将对此予以验证。

本章通过北大法宝数据库检索关于"三权分置"改革政策的省级实施政策,来确定每一个村庄所在的省份开始进行"三权分置"改革的时间节点。本章设立如下模型(7-4),识别"三权分置"背景下数字普惠金融对农户财产性收入的影响。

$$PI_i = \theta_0 + \theta_1 DIF_p + \theta_2 Policy_p + \theta_3 DIF_p \times Policy_p + \theta_4 HH_i + \theta_5 VS_v + \mu_p + \varepsilon_1$$

$$(7-4)$$

其中，$Policy_p$ 代表"三权分置"政策，又因本章所用数据均来自 2019 年，因此，根据各个省份实施"三权分置"的时间，将 2019 年及之前年份就实施该政策的省份赋值为 1，2019 年以后实施该政策的省份赋值为 0。根据本章的推断，已经实施"三权分置"政策的省份，数字普惠金融对农户财产性收入的影响将更加明显，即系数 θ_3 将显著为正。其余变量与基准模型（7-1）一致，不再赘述。

表 7-12 展示了模型（7-4）的回归结果，（1）列至（3）列的被解释变量为财产性总收入（PI），（4）列至（6）列的被解释变量为土地转出/转包收入（LTI）。其中，（1）列，数字普惠金融总指数与政策的交互项（$DIF \times Policy$）系数为 0.436，在 5% 置信水平下显著为正，（2）列，使用深度分指数与政策的交互项（$DIF-SD \times Policy$）系数为 0.297，在 10% 置信水平下显著为正，（3）列，数字化水平分指数与政策的交互项（$DIF-DL \times Policy$）系数为 0.198，在 5% 置信水平下同样显著为正。以上结果表明，在样本期内已经开展"三权分置"政策的地区，数字普惠金融对其农户的财产性收入影响是更加显著的，换言之，"三权分置"政策的实施，进一步加深了数字普惠金融对农户财产性收入的影响。继续分析（4）列，数字普惠金融总指数与政策的交互项（$DIF \times Policy$）系数为 0.391，在 1% 置信水平下显著为正，（5）列，使用深度分指数与政策的交互项（$DIF-SD \times Policy$）系数为 0.005，在 5% 置信水平下显著为正，（6）列，数字化水平分指数与政策的交互项（$DIF-DL \times Policy$）系数为 0.007，在 1% 置信水平下同样显著为正，（4）列至（6）列的结果揭示了"三权分置"背景下，一方面，政策推动了农户间的土地流转需求，另一方面，数字普惠金融通过缓解农户的资金约束，支持了农户土地流转行为的实现，进而增加了农户的土地转包收入，并构成了农户财产性收入的重要部分。

表 7 - 12　　　　　"三权分置"背景下数字普惠金融对农户财产性
收入影响的实证结果

变量	PI			LTI		
	(1)	(2)	(3)	(4)	(5)	(6)
DIF	0.017 * (0.009)			0.002 (0.002)		
DIF - SD		0.011 * (0.006)			0.001 (0.001)	
DIF - DL			0.032 * (0.018)			0.004 (0.004)
DIF × Policy	0.436 ** (0.254)			0.391 *** (0.122)		
DIF - SD × Policy		0.297 * (0.167)			0.005 ** (0.002)	
DIF - DL × Policy			0.198 ** (0.089)			0.007 *** (0.002)
Policy	- 6.704 (5.030)	- 1.581 (1.840)	- 8.656 (7.193)	- 1.139 ** (0.475)	- 0.960 (0.788)	- 2.046 (2.351)
控制变量	Yes	Yes	Yes	Yes	Yes	Yes
区域效应	Yes	Yes	Yes	Yes	Yes	Yes
常数项	- 6.019 * (3.162)	- 3.661 * (1.882)	- 13.455 * (7.209)	- 0.726 (0.652)	- 0.420 (0.359)	- 1.690 (1.593)
N	3096	3096	3096	2064	2064	2064
R^2	0.020	0.020	0.020	0.041	0.041	0.041

7.6　小　　结

　　土地流转收入是农民财产性收入的重要来源，促进土地流转行为需要政策与市场的共同发力，如若无法有效缓解土地流转过程中的资金困境，政策效果也将大打折扣。本章以农村居民的财产性收入为特定研究对象，通过理论分析刻画了数字普惠金融如何促进农户土地流转行为，进而带动农户财产性增收的作用机制，并使用中国乡村振兴综合调查（CRRS）数据库的微观数据定量评估了数字普惠金融对农户财产性收入的影响效果，验证了数字普惠金融对农户财产性收入的现实意义，得出了以下几点结论：（1）数字普惠金融显著促进了农户的财产性收入，特别是土地流转收入，且这种正面效应主要通过数字普惠金融的服务深度和数字化水平来体现。（2）数字普惠金融通过促进农户的土地转入行为，间接带动了另一部分农户的土地转出行为，并因此增加了这部分农户的土地转包收入和财产性收入，即数字普惠金融通过影响农户的土地流转行为，带动了农户的财产性收入。（3）机制检验结果表明，数字普惠金融主要通过提高农户的数字化应用和信贷可得性促进了农户的土地流转行为。（4）异质性分析结果表明，数字普惠金融显著促进了劳动能力强的农户的土地转入行为和劳动能力弱的农户的土地转出行为，并以此开拓了弱势劳动能力农户的财产性增收渠道。另外，数字普惠金融对农户土地流转行为的影响主要发生在受教育水平较低的农户样本中，也因此增加了该群体的财产性收入。（5）实施"三权分置"政策的地区，数字普惠金融对农户财产性收入的影响更加显著。

第8章

数字普惠金融助力农户增收的政策建议

8.1 数字普惠金融模式在农村应用与推广的启示

本书第3章分别以萧山农商银行和浙江网商银行的案例为依托，总结了传统农商银行与互联网银行在农村开展的数字普惠金融模式，并通过对模式的探究分析了农村数字普惠金融的实践逻辑、机制和特点，在此基础上又分析了两类银行模式的异同，得出了以下结论：第一，农商银行的农村数字普惠金融模式背后的逻辑是基于社会网的社会逻辑，而互联网银行则是基于互联网的技术逻辑，虽然两类银行在具体业务中都融合了社会网和互联网的作用，但两者的应用方向和力度不同；第二，农商银行基于社会网逻辑形成了"特色数据＋精细化"发展模式，互联网银行则基于互联网逻辑形成了"大数据＋规模化"的发展模式，两种模式都呈现出数据在农村金融中的重要性，并通过数字推动了农村普惠金融的发展，但模式中关于数据的特点和应用以及模式对"普""惠"金融的侧重是不同的。

本章研究结论的启示在于，数字普惠金融在农村的推广应用要将数字技术和农村实践相结合，数据应基于农村、农业、农民特点产生，但不同银行在农村开展的数字普惠金融有着不同的逻辑、机制和特点，应发挥不同银行的特色优势，打造差异化数字普惠金融服务，具体建议如下：

第一，传统农商银行：扩展线下模式，挖掘科技力量。农商银行应继续利用线下网络优势，扩展线下业务模式，在线下社会网的维护中开发特色数据、发放特色信贷产品、扶持特色产业发展，并充分利用农村社会网进行互助监督，控制贷后风险。另外，积极响应国家普惠金融政策，将资金投向经济欠发达地区，让线下网络触达更多的农村地区，并利用互联网技术在信息传递与信息分析方面的作用尽可能地降低业务扩展成本，服务更多农村群体。但农商银行不应仅仅利用互联网技术在信息传递和分析方面的作用，更应结合地方农村特色，发挥科技助农的力量，积极开展与互联网科技公司的合作，发扬各自优势，补充彼此不足，将科技的力量真正运用到农村金融与农业发展中。

第二，互联网银行：发挥科技优势，连接线下网络。互联网银行应继续发挥科技优势，开拓更多的农村市场，特别是农业发达但金融欠缺的地区，此类地区地域偏僻，经济欠发达，传统金融机构在地区内线下布局较少，互联网银行更易利用科技优势开拓市场，为更多的农户"金融白户"提供金融支持。但这样的区域往往缺乏农户的线上大数据，且社会关系网更加复杂，这就要求互联网银行尽可能降低对社会网的运用，充分发挥科技优势，将信贷的依据从"人的信用"投向"物的信用"（这里"物"并非抵押物），并降低服务成本，践行普惠金融。此外，在金融相对成熟的农村市场，应大力开展与当地担保机构及村镇银行等的合作，连接线下社会网络，利用当地金融机构在社会关系中积累的经验数据和特色数据对线上大数据进行补充，开展多平台合作互利的农村金融模式。

第三，政府：社会网络中的媒介人，互联网技术的支持者。政府作为市场经济活动的组织协调者和服务者，在农村数字金融发展过程中应充当社会网络的媒介人及互联网技术的支持者。首先，政府应充当在社会网络中的媒介人。一方面在对金融机构尽调的前提下，加强农村金融信贷的推广宣传，利用农村的社会网络，积极调研了解农户的情况和信贷需求，帮助农户对接金融机构；另一方面，努力营造良好的农村社会风气，培养农村居民的金融素养和数字素养，打造数字金融服务生态，帮助金融机构获取农户的非标准化数字信息,并结合地方特色协调金融机构提供符合当地农户需求的专属信贷产品。其次,政府应做好互联网技术的支持与服务。一方面完善数字普惠金融的基础设施建设和农村基础数据的收集,缩小"数字鸿沟",为金融数据的获取提供保障;另一方面,保障数据的开放与共享,在数据安全的前提下将本地政务数据和民生数据对金融机构开放使用,避免排他性的协议,共同助力农村数字普惠金融发展,实现乡村振兴。

8.2 数字普惠金融促进农户增收的目标瞄准思路

第 4 章基于中国乡村振兴综合调查(CRRS)数据库,探究了数字金融、目标瞄准与农户增收之间的关系,得出了以下几点结论:首先,数字金融显著增加了有需求、有能力的目标农户的信贷可得性,且对目标农户存在信贷需求侧的放大机制;其次,硬件设备、网络条件和村庄信息网络传递均会影响数字金融对目标农户的瞄准,但在不同目标群体中的影响效果是不同的,硬件设备和网络条件在有借款需求的农户样本中影响最大,村庄信息网络传递在有学习能力的农户样本中影响最大;最后,在有借款需求、有劳动能力和有学习能力的三个农户样本中,数字金融对目标农户的财产性收入均存在以信贷可得性为中介变量的中介效应。在有劳动能力和有学习能力的目标农户样本中,数字金融对非农经营性收入存在完全中介效应。另外,数字金融对农户的工资/创业性收入虽然不存在中介效应,但数字金融对其有显著正向影响。本书的研究结果进一步深化了对金融"造血式"扶贫和"开发式"扶贫的理解,也为制定农村数字普惠金融的发展政策提供了有益参考。基于以上结果,本书提出以下三点政策建议。

第一,农村数字普惠金融的发展,应着重赋能有需求、有能力的农村群体,并继续发挥互联网和科技的力量,深度挖掘用户数据,不断丰富应用场景，完善下沉服务，进一步细化农户的网络画像，准确把握目标农户的个性化信贷需求，加强数字金融对目标农户的瞄准和对接能力，从而最大限度地提高金融资源的利用效率，也为农村数字金融的可持续发展提供保障。

第二，提高农村通讯基础设施建设和上网设备的普及，改善农户的网络条件和硬件设备覆盖率，进而使更多的农户可以接入互联网，从而信贷需求可以被有效捕捉。另外，进一步推进乡村治理数字化和信息传播网络化，提高村庄内部信息的传播效率和传播广度，进而提升农户的信息化水平，助力数字金融提高对目标农户的瞄准效果和效率。

第三，数字金融对农户的增收效应表明，我国应继续加大农村数字普惠金融的推广力度，在注重区分目标农户的前提下，多层次、针对性地提高数字金融对不同目标农户在多个维度的增收效果，通过对有劳动能力和学习能力的农户，加强创业知识、专业技能和就业培训，提高数字金融对非农经营性收入和工资/创业性收入的影响；通过增强目标农户的专业理财知识和风险防范意识，提高数字金融对目标农户财产性收入的影响；鉴于数字金融对农业经营性收入的影响较小，可以持续加强数字金融对农业生产环节的投入，赋能农业现代化和机械化水平，为多维度促进农民增收和推进乡村振兴贡献金融的力量。

8.3 数字普惠金融提高农户种植业收入的政策建议

第 5 章立足于数字普惠金融发展变化的典型事实，基于中国乡村振兴综合调查（CRRS）数据库中的农户数据，考察了数字普惠金融的发展对"种地"农户收入的影响，并从赋能种植业生产链的视角探究了其中的作用机制，得出以下几点研究结论：第一，数字普惠金融近年的发展显著提高了农户的种植业收入，且这种影响主要来自数字普惠金融服务深度的增加；第二，数字普惠金融对农户种植业收入的积极影响主要体现在粮食主产区内，且来自服务广度和服务深度的增加均显著提高了主产区内农户的种植业收入。另外，数字普惠金融服务广度的增加，实现了对弱势、小微群体的覆盖，并显著提高了普通小农的种植业收入；第三，数字普惠金融通过为种植业生产各环节中的社会化服务购买提供资金来源，赋能了农业生产，助力了农民增收，且这种作用机制在粮食主产区和普通小农户的样本中略有差异。基于以上研究结论，本书提出以下政策建议。

第一，鉴于数字普惠金融近些年的发展变化，应继续加强数字普惠金融对"种地"农户的资金支持，降低服务门槛，优化资源配置，特别是利用互联网和信息科技，获得更多的种植业信贷数据，解决金融机构与"种地"农户的信息不对称问题，扩展金融对农户的覆盖范围，并在这个过程中，持续深化数字普惠金融的服务深度，满足农户在数字授信、信贷、保险等方面的实际需求，使农户在"种地"中真正有效地获得并使用金融服务，助力农民增收。

第二，为提高种粮农民的积极性，保障国家粮食安全，应支持数字普惠金融在粮食主产区的进一步发展，不仅要发挥金融的扶持作用，更要利用数字金融平台及其背后的生态产业链，提高粮食主产区的信息化和产业化水平，提高主产区农户收入。另外，鉴于数字普惠金融服务广度对小农户的积极作用，应进一步改善农村基础通讯设施，开展"互联网设备下乡"活动，普及数字终端，提高数字普惠金融覆盖范围，使数字普惠金融可以充分利用大数据和互联网技术延伸服务触角，增加普通小农户的金融可得性和收入水平。

第三，发挥数字普惠金融在种植业全生产链条的赋能作用，对于粮食主产区农户，要加强数字普惠金融对生产六个环节中社会化服务购买的支持，扩大粮食等重要农产品的生产规模，保持和提高农业综合生产能力，并以此为契机，在"藏粮于地""藏粮于民"和"藏粮于市"等粮食安全策略基础上推动实现"藏粮于服务"，推动我国粮食种植业的专业化、机械化和科技化服务水平，实现农业的高质量发展。对于普通小农户而言，要继续通过数字普惠金融提高耕地、播种和收获运输环节的社会化服务购买，帮助小农户融入农业现代化进程中，提高生产效率，助力"种地"农民增收，实现共同富裕。

8.4 数字普惠金融提高农户创业性收入的政策建议

本书第6章基于中国家庭金融调查（CHFS）数据库中的微观农户家庭数据，实证考察了数字普惠金融、营商环境及其协同效应对农村家庭创业行为和创业收入的影响，得出了以下几点重要结论：首先，数字普惠金融显著提高了农村家庭的创业行为和创业收入，且营商环境的改善会加大这一影响，数字普惠金融与营商环境的协同效应将进一步促进农村家庭的创业；其次，营商环境并没有显著提高农村家庭创业，主要原因在于金融环境的改善并没有很好地惠及农村群体，但数字普惠金融却改善了这一负面影响，营商环境得到数字普惠金融赋能后，将显著提高农村家庭创业；最后，数字普惠金融与营商环境对农村家庭创业的协同效应在不同创业类型、不同人群、不同地区间存在异质性影响，由此带来的共富效果也存在差异性。基于此，本书提出以下三点政策建议。

第一，资金匮乏仍是影响农村家庭创业的重要因素，数字普惠金融能够有效服务传统金融机构难以覆盖的弱势群体，为农村小微群体和长尾客户提供了资金供给，显著促进了农村家庭的创业行为和创业绩效，应继续以"数字＋普惠"的形式支持金融下乡，满足农村家庭创业的资金需求。与此同时，发挥好数字普惠金融与营商环境的协同作用，通过供给端和需求端的双向发力，激励农村家庭的创业行为。

第二，持续优化针对农村地区的营商环境建设，特别是加强金融机构对农村小微创业者和个体经营者的倾斜力度，同时以数字金融和普惠金融辅以营商环境的建设，缓解营商环境对农村家庭创业产生的负面效应，为农村创业者创造必要的、全面的优质金融环境，充分释放营商环境对农村创业的贡献能力。

第三，继续发挥数字普惠金融与营商环境对农村机会型创业者的正面效应。"农村精英"作为机会型创业的主力，应对其创业难点和痛点予以有力扶持，以鼓励熟悉农村、热爱农村的"精英人群"回乡创业，最大限度发挥农村创业的扩散和共富带动作用。另外，缩小数字普惠金融与营商环境在不同地区和城乡居民间的差距，持续加强对我国中部、西部和东北部农村地区的投入，助力乡村振兴和共同富裕的实现。

8.5　数字普惠金融提高农户财产性收入的政策建议

第 7 章以农村居民的财产性收入为特定研究对象，通过理论分析刻画了数字普惠金融如何促进农户土地流转行为，进而带动农户财产性增收的作用机制，并使用中国乡村振兴综合调查（CRRS）数据库的微观数据定量评估了数字普惠金融对农户财产性收入的影响效果，验证了数字普惠金融对农户财产性收入的现实意义，得出了以下几点结论：数字普惠金融显著促进了农户的财产性收入，特别是土地流转收入，且这种正面效应主要通过数字普惠金融的服务深度和数字化水平来体现；数字普惠金融通过促进农户的土地转入行为，间接带动了另一部分农户的土地转出行为，并因此增加了这部分农户的土地转包收入和财产性收入，即数字普惠金融通过影响农户的土地流转行为，带动了农户的财产性收入；机制检验结果表明，数字普惠金融主要通过提高农户的数字化应用和信贷可得性促进了农户的土地流转行为；异质性分析结果表明，数字普惠金融显著促进了劳动能力强的农户的土地转入行为和劳动能力弱的农户的土地转出行为，并以此开拓了弱势劳动能力农户的财产性增收渠道。另外，数字普惠金融对农户土地流转行为的影响主要发生在受教育水平较低的农户样本中，也因此增加了该群体的财产性收入；实施"三权分置"政策的地区，数字普惠金融对农户财产性收入的影响更加显著。基于以上结论，本书提出以下政策启示。

第一，资金约束已成为影响农地流转的重要因素，相比于农地经营权担保抵押模式面临的现实困境，数字普惠金融的发展或许可以为解决农地流转过程中的资金难题提供有效方案。因此，政府应继续加强数字普惠金融在农村地区的宣传推广，重视其在农地流转市场培育中的积极作用，以数字普惠金融助力提高农户的土地流转行为，增加农户的土地流转收入，为农户的财产性增收拓展稳定渠道。

第二，持续推动数字乡村建设，完善农村的数字信用环境，创新农村金融服务产品及模式，提高农村居民的数字化应用和信贷可得性水平，特别是加大对劳动能力强的农户群体的金融触达性，进一步激活这部分农户的土地转入行为，并借以带动弱势劳动能力农户的土地转出行为，为弱势劳动能力的农户提供财产性增收渠道。另外，针对受教育水平较低的流转农户，政府部门要强化对该群体的数字金融使用技能培训，以及农业生产的专业化、机械化、科技化应用培训，促使流转后的农地发展与现代化农业接轨。

第三，继续深化农村土地制度改革，促进农村资源要素流动，并在这一进程中，充分考虑并统筹数字普惠金融的积极意义，只有最大限度地解决土地流转中的资金约束，才能实现政策的最佳效果，进一步释放"三权分置"的政策红利，助力农民的财产性增收。

第四，由于数字普惠金融在 2018 年才逐渐在农村地区推广，而本书也仅基于 2019 年的数据做了统计研究，因此，囿于数据的可得性，时间维度有限，作用可能并未完全显现。数字普惠金融对农户不同收入的影响还需要放在更长期中予以观测和评估，以便进行更深入和更精确的分析。当然，也希望本书的初步研究成果能对促进农民增收，优化农民收入结构，缩小城乡居民收入差距，进而实现共同富裕有所裨益。

参 考 文 献

［1］安丛梅. 数字普惠金融与种地农户增收——来自种植业全生产链条赋能的证据［J］. 南方经济, 2024 (5): 114-131.

［2］毕青苗, 陈希路, 徐现祥. 行政审批改革与企业进入［J］. 经济研究, 2018, 53 (2): 140-155.

［3］包钧, 谢霏, 许霞红. 中国普惠金融发展与企业融资约束［J］. 上海金融, 2018 (7): 34-39.

［4］贝多广. 数字化是推动普惠金融发展的引擎［J］. 现代商业银行, 2017 (11): 59-61.

［5］贝多广, 汪雯羽. 数字金融助力农村产业振兴［J］. 清华金融评论, 2020 (8): 93-96.

［6］崔艳娟, 孙刚. 金融发展是贫困减缓的原因吗? ——来自中国的证据［J］. 金融研究, 2012 (11): 116-127.

［7］崔恒瑜, 王雪, 马九杰. 数字金融发展是否在农村金融市场发挥"鲶鱼效应"——来自中国农信机构的证据［J］. 经济理论与经济管理, 2021 (12): 30-41.

［8］陈科. 普惠金融的风险评估及风险防范研究［J］. 上海金融, 2017 (10): 91-95.

［9］陈晓红, 李杨扬, 宋丽洁, 等. 数字经济理论体系与研究展望［J］. 管理世界, 2022 (2): 208-224.

［10］陈宝珍, 任金政. 数字金融与农户: 普惠效果和影响机制［J］. 财贸研究, 2020 (6): 37-47.

［11］程郁，罗丹.信贷约束下农户的创业选择——基于中国农户调查的实证分析［J］.中国农村经济，2009（11）：25-38.

［12］成学真，龚沁宜.数字普惠金融如何影响实体经济的发展——基于系统GMM模型和中介效应检验的分析［J］.湖南大学学报（社会科学版），2020（3）：59-67.

［13］都阳，封永刚.人口快速老龄化对经济增长的冲击［J］.经济研究，2021（2）：71-88.

［14］杜鑫.当前中国农村居民收入及收入分配状况——兼论各粮食功能区域农村居民收入水平及收入差距［J］.中国农村经济，2021（7）：84-99.

［15］杜金岷，韦施威，吴文洋.数字普惠金融促进了产业结构优化吗？［J］.经济社会体制比较，2020（6）：38-49.

［16］董玉峰，赵晓明.负责任的数字普惠金融：缘起、内涵与构建［J］.南方金融，2018（1）：50-56.

［17］方霞，谭龙昕，陈思宇，等.数字金融、财产性收入与共同富裕——基于地区和家庭层面的分析［J］.会计与经济研究，2023（4）：112-133.

［18］方师乐，黄祖辉，徐欣南.数字金融发展的包容性增长效应——农户非农创业的视角［J］.农业技术经济，2024（7）：473-492.

［19］冯兴元，孙同全，董翀，等.中国县域数字普惠金融发展：内涵、指数构建与测度结果分析［J］.中国农村经济，2021（10）：84-105.

［20］冯大威，高梦桃.数字普惠金融与居民创业：来自中国劳动力动态调查的证据［J］.金融经济学研究，2020（1）：91-103.

［21］高婧，唐宇宙.服务下沉视角下金融发展与城乡居民消费差距关系探讨——基于数字普惠金融与传统金融的比较分析［J］.商业经济研究，2021（4）：176-179.

［22］高彦彬.构建农村普惠金融体系的障碍与突破［J］.征信，

2014 (12): 65 - 68.

[23] 高鸣,姚志.保障种粮农民收益:理论逻辑、关键问题与机制设计 [J].管理世界,2022 (11): 86 - 101.

[24] 郭峰,王靖一,王芳,等.测度中国数字普惠金融发展:指数编制与空间特征 [J].经济学季刊,2020 (4): 1401 - 1418.

[25] 黄益平,黄卓.中国的数字金融发展:现在与未来 [J].经济学 (季刊),2018 (4): 1489 - 1502.

[26] 黄佩民,孙振玉,梁艳.农业社会化服务业与现代农业发展 [J].管理世界,1996 (5): 175 - 182.

[27] 贺刚,张清,龚孟林.数字普惠金融内涵、创新与风险研究 [J].甘肃金融,2020 (2): 31 - 35.

[28] 韩晓宇.普惠金融的减贫效应——基于中国省级面板数据的实证分析 [J].金融评论,2017 (2): 69 - 82.

[29] 韩亚丽.农村金融知识普及现状与对策——对河北省宁晋县的调查与分析 [J].河北金融,2019 (8): 62 - 64.

[30] 胡滨,程雪军.金融科技、数字普惠金融与国家金融竞争力 [J].武汉大学学报 (哲学社会科学版),2020 (3): 130 - 141.

[31] 胡联,汪三贵.我国建档立卡面临精英俘获的挑战吗? [J].管理世界,2017 (1): 89 - 98.

[32] 胡金焱,李建文,张博.P2P 网络借贷是否实现了普惠金融目标 [J].世界经济,2018 (11): 169 - 192.

[33] 何欣,朱可涵.农户信息水平、精英俘获与农村低保瞄准 [J].经济研究,2019 (12): 150 - 164.

[34] 何婧,李庆海.数字金融使用与农户创业行为 [J].中国农村经济,2019 (1): 112 - 126.

[35] 何宏庆.数字金融助推乡村产业融合发展:优势、困境与进路 [J].西北农林科技大学学报 (社会科学版),2020 (3): 118 - 125.

[36] 何德旭,苗文龙.金融排斥、金融包容与中国普惠金融制度的

构建 [J]. 财贸经济, 2015 (3): 5 – 16.

[37] 何宗樾, 张勋, 万广华. 数字金融、数字鸿沟与多维贫困 [J]. 统计研究, 2020 (10): 79 – 89.

[38] 侯建昀, 霍学喜. 信贷可得性、融资规模与农户农地流转——以专业化生产农户为例 [J]. 中国农村观察, 2016 (6): 29 – 39.

[39] 蒋庆正, 李红, 刘香甜. 农村数字普惠金融发展水平测度及影响因素研究 [J]. 金融经济学研究, 2019 (4): 123 – 133.

[40] 金发奇, 黄晶, 吴庆田. 数字普惠金融调节城乡居民福利差异效率及影响因素研究——基于 DEA Malmquist Tobit 模型 [J]. 金融理论与实践, 2021 (3): 14 – 22.

[41] 姜松, 周鑫悦. 数字普惠金融对经济高质量发展的影响研究 [J]. 金融论坛, 2021 (8): 39 – 49.

[42] 姜美善, 米运生. 农地确权对小农户信贷可得性的影响——基于双稳健估计方法的平均处理效应分析 [J]. 中国农业大学学报, 2020 (4): 192 – 204.

[43] 孔祥智. 新型农业社会化服务体系建设: 供给侧视角 (第一卷) [M]. 北京: 经济管理出版社, 2020.

[44] 厉以宁, 黄奇帆, 刘世锦, 等. 共同富裕: 科学内涵与实现路径 [M]. 北京: 中信出版集团, 2022.

[45] 廖婧琳, 周利. 数字普惠金融、受教育水平与家庭风险金融资产投资 [J]. 现代经济探讨, 2020 (1): 42 – 53.

[46] 陆磊. 普惠金融的悖论 [J]. 新世纪周刊, 2014 (7): 44.

[47] 焦瑾璞. 构建普惠金融体系的重要性 [J]. 中国金融, 2010 (10): 12 – 13.

[48] 焦瑾璞. 我国普惠金融现状及未来发展 [J]. 金融电子化, 2014 (11): 15 – 17.

[49] 刘亦文, 丁李平, 李毅, 等. 中国普惠金融发展水平测度与经济增长效应 [J]. 中国软科学, 2018 (3): 36 – 46

［50］刘锦怡，刘纯阳．数字普惠金融的农村减贫效应：效果与机制［J］．财经论丛，2020（1）：43－53．

［51］刘子涵，辛贤，吕之望．互联网农业信息获取促进了农户土地流转吗？［J］．农业技术经济，2021（2）：100－111．

［52］卢盼盼，张长全．中国普惠金融的减贫效应［J］．宏观经济研究，2017（8）：33－43．

［53］卢亚娟，张菁晶．农村家庭金融资产选择行为的影响因素研究——基于CHFS微观数据的分析［J］．管理世界，2018（5）：98－106．

［54］芦千文，杨义武．农村集体产权制度改革是否壮大了农村集体经济——基于中国乡村振兴调查数据的实证检验［J］．中国农村经济，2022（3）：84－103．

［55］李晓园，刘雨濛．数字普惠金融如何促进农村创业？［J］．经济管理，2021（12）：24－40．

［56］李建军，韩珣．普惠金融、收入分配和贫困减缓——推进效率和公平的政策框架选择［J］．金融研究，2019（3）：129－148．

［57］李建军，彭俞超，马思超．普惠金融与中国经济发展：多维度内涵与实证分析［J］．经济研究，2020（4）：37－52．

［58］李建军，李俊成．普惠金融与创业："授人以鱼"还是"授人以渔"？［J］．金融研究，2020（1）：69－87．

［59］李志军．中国城市营商环境评价［M］．北京：中国发展出版社，2019，2021．

［60］李晓静，陈哲，刘斐，等．参与电商会促进猕猴桃种植户绿色生产技术采纳吗？——基于倾向得分匹配的反事实估计［J］．中国农村经济，2020（3）：118－135．

［61］李宁，周琦宇，汪险生．新型农业经营主体的角色转变研究：以农机服务对农地经营规模的影响为切入点［J］．中国农村经济，2020（7）：40－58．

［62］李江一，秦范．如何破解农地流转的需求困境？——以发展新

型农业经营主体为例 [J]. 管理世界, 2022 (2): 84-99.

[63] 罗良清, 平卫英, 单青松, 等. 中国贫困治理经验总结: 扶贫政策能够实现有效增收吗? [J]. 管理世界, 2022 (2): 70-83.

[64] 罗千峰, 赵奇锋, 邱海兰. 数字技能与农户财产性收入——基于中国乡村振兴综合调查 (CRRS) 数据 [J]. 当代经济管理, 2023 (7): 54-62.

[65] 罗必良, 何应龙, 汪沙, 等. 土地承包经营权: 农户退出意愿及其影响因素分析——基于广东省的农户问卷 [J]. 中国农村经济, 2012 (6): 4-19.

[66] 林嵩, 谷承应, 斯晓夫, 等. 县域创业活动、农民增收与共同富裕——基于中国县级数据的实证研究 [J]. 经济研究, 2023 (3): 40-58.

[67] 柳凌韵, 周宏. 正规金融约束、规模农地流入与农机长期投资——基于水稻种植规模农户的数据调查 [J]. 农业经济问题, 2017 (9): 65-76.

[68] 马彧菲, 杜朝运. 普惠金融指数测度及减贫效应研究 [J]. 经济与管理研究, 2017 (5): 45-53.

[69] 马彧菲. 普惠金融发展的减贫效应研究 [M]. 北京: 经济管理出版社, 2019.

[70] 马国旺, 王天娇. 我国数字普惠金融发展的就业效应研究 [J]. 福建论坛 (人文社会科学版), 2021 (11): 114-125.

[71] 马九杰, 亓浩, 吴本健. 农村金融机构市场化对金融支农的影响: 抑制还是促进?——来自农信社改制农商行的证据 [J]. 中国农村经济, 2020 (11): 79-95.

[72] 马昭君, 葛新权. 稳增长背景下金融杠杆波动是否阻碍了中国经济增长 [J]. 经济学家, 2023 (10): 119-128.

[73] 倪瑶, 成春林. 普惠金融数字化对城乡居民福利差异影响的对比研究 [J]. 金融发展研究, 2020 (3): 49-57.

[74] 牛志伟，许晨曦，武瑛. 营商环境优化、人力资本效应与企业劳动生产率 [J]. 管理世界，2023（2）：83－99.

[75] 聂力兵，龚红，赖秀萍. 唤醒"沉睡专利"：知识重组时滞、重组频率与关键核心技术创新 [J]. 南开管理评论，2022（10）：1－24.

[76] 彭澎，徐志刚. 数字普惠金融能降低农户的脆弱性吗？[J]. 经济评论，2021（1）：82－95.

[77] 彭澎，吴承尧，肖斌卿. 银保互联对中国农村正规信贷配给的影响——基于4省1014户农户调查数据的分析 [J]. 中国农村经济，2018（8）：32－45.

[78] 彭克强，刘锡良. 农民增收、正规信贷可得性与非农创业 [J]. 管理世界，2016（7）：88－97.

[79] 仇焕广，刘乐，李登旺，等. 经营规模、地权稳定性与土地生产率——基于全国4省地块层面调查数据的实证分析 [J]. 中国农村经济，2017（6）：30－43.

[80] 翟怡璇，朱向梅，李子豪. 数字普惠金融与乡村产业高质量发展——基于区域品牌价值与平台经济的双调节研究 [J]. 江西农业学报，2024（6）：127－134.

[81] 钱海章，陶云清，曹松威，等. 中国数字金融发展与经济增长的理论与实证 [J]. 数量经济技术经济研究，2020（6）：26－46.

[82] 任晓怡. 数字普惠金融发展能否缓解企业融资约束 [J]. 现代经济探讨，2020（10）：65－75.

[83] 任碧云，刘佳鑫. 数字普惠金融发展与区域创新水平提升——基于内部供给与外部需求视角的分析 [J]. 西南民族大学学报，2021（3）：99－111.

[84] 宋晓玲. 数字普惠金融缩小城乡收入差距的实证检验 [J]. 财经科学. 2017（6）：14－25.

[85] 宋晓玲，侯金辰. 互联网使用状况能否提升普惠金融发展水平？——来自25个发达国家和40个发展中国家的经验证据 [J]. 管理世

界, 2017 (1): 172 - 173.

[86] 宋科, 刘家琳, 李宙甲. 数字普惠金融能缩小县域城乡收入差距吗？——兼论数字普惠金融与传统金融的协同效应 [J]. 中国软科学, 2022 (6): 133 - 145.

[87] 孙继国, 赵俊美. 普惠金融是否缩小了城乡收入差距？——基于传统和数字的比较分析 [J]. 福建论坛 (人文社会科学版), 2019 (10): 179 - 189.

[88] 孙倩, 徐璋勇. 数字普惠金融、县域禀赋与产业结构升级 [J]. 统计与决策, 2021 (9): 140 - 144.

[89] 孙学涛, 于婷, 于法稳. 数字普惠金融对农业机械化的影响——来自中国 1869 个县域的证据 [J]. 中国农村经济, 2022 (2): 76 - 93.

[90] 孙琳琳, 杨浩, 郑海涛. 土地确权对中国农户资本投资的影响——基于异质性农户模型的微观分析 [J]. 经济研究, 2020 (11): 156 - 173.

[91] 师博, 胡西娟. 高质量发展视域下数字经济推进共同富裕的机制与路径 [J]. 改革, 2022 (8): 76 - 86.

[92] 单德朋, 张永奇, 王英. 农户数字素养、财产性收入与共同富裕 [J]. 中央民族大学学报 (哲学社会科学版), 2022 (3): 143 - 153.

[93] 唐文进, 李爽, 陶云清. 数字普惠金融发展与产业结构升级——来自 283 个城市的经验证据 [J]. 广东财经大学学报, 2019 (6): 35 - 49.

[94] 唐丹云, 李洁, 吴雨. 金融素养对家庭财产性收入的影响——基于共同富裕视角的研究 [J]. 当代财经, 2023 (4): 55 - 67.

[95] 涂强楠, 何宜庆. 数字普惠金融、科技创新与制造业产业结构升级 [J]. 统计与决策, 2021 (3): 95 - 99.

[96] 田鸽, 张勋. 数字经济、非农就业与社会分工 [J]. 管理世界, 2022 (5): 72 - 83.

[97] 田娟娟，马小林．数字普惠金融推动农业转型升级的效应分析——基于省际面板数据的实证 [J]．征信，2020 (7)：87 - 92.

[98] 田勇，陈辉，徐美玲．数字普惠金融赋能乡村振兴的机理、困境及进路 [J]．农业经济，2024 (8)：117 - 120.

[99] 田杰．新型农村金融机构、资金外流与乡村振兴 [J]．财经科学，2020 (1)：29 - 41.

[100] 汪莉，马诗淇，叶欣．数字普惠金融对我国家庭金融资产配置的影响——基于 CHFS 数据的实证研究 [J]．会计与经济研究，2021 (7)：93 - 109.

[101] 汪险生，李宁．提高金融可得性能否促进土地流转——来自 CHFS 数据的证据 [J]．山西财经大学学报，2021 (1)：54 - 72.

[102] 翁飞龙，霍学喜．数字金融对苹果种植大户农地转入的影响：作用机制与异质性研究 [J]．农村经济，2023 (6)：64 - 73.

[103] 吴雨，李晓，李洁，等．数字金融发展与家庭金融资产组合有效性 [J]．管理世界，2021 (7)：92 - 104.

[104] 吴雨，李成顺，李晓，等．数字金融发展对传统私人借贷市场的影响及机制研究 [J]．管理世界，2020 (10)：53 - 64.

[105] 吴本健，葛宇航，马九杰．精准扶贫时期财政扶贫与金融扶贫的绩效比较——基于扶贫对象贫困程度差异和多维贫困的视角 [J]．中国农村经济，2019 (7)：21 - 36.

[106] 吴一恒，马贤磊，马佳，等．如何提高农地经营权作为抵押品的有效性？——基于外部治理环境与内部治理结构的分析 [J]．中国农村经济，2020 (8)：40 - 53.

[107] 吴一恒，徐砾，马贤磊．农地"三权分置"制度实施潜在风险与完善措施——基于产权配置与产权公共域视角 [J]．中国农村经济，2018 (8)：46 - 63.

[108] 魏后凯．"十四五"时期中国农村发展若干重大问题 [J]．中国农村经济，2020 (1)：2 - 16.

［109］温涛，朱烔，王小华．中国农贷的"精英俘获"机制：贫困县与非贫困县的分层比较［J］．经济研究，2016（2）：111-125．

［110］温涛，何茜．全面推进乡村振兴与深化农村金融改革创新：逻辑转换、难点突破与路径选择［J］．中国农村经济，2023（1）：93-114．

［111］温忠麟，张雷，侯杰泰，等．中介效应检验程序及其应用［J］．心理学报，2014（5）：111-117．

［112］王修华，赵亚雄．数字金融发展是否存在马太效应？——贫困户与非贫困户的经验比较［J］．金融研究，2020（7）：114-133．

［113］王修华，赵亚雄．数字金融发展与城乡家庭金融可得性差异［J］．中国农村经济，2022（1）：44-60．

［114］王浩林，王子鸣．网络"互嵌"与农村家庭创业选择——兼论共同富裕实现［J］．中国农村经济，2022（9）：63-81．

［115］王正位，李梦云，廖理，等．人口老龄化与区域创业水平——基于启信宝创业大数据的研究［J］．金融研究，2022（2）：80-97．

［116］邢乐成．中国普惠金融：概念界定与路径选择［J］．山东社会科学，2018（12）：47-53．

［117］肖维泽，纪明．经济增长率跌宕下的中国民生发展——基于MS-VAR的实证研究［J］．福建师范大学学报（哲学社会科学版），2023（3）：43-52．

［118］谢清河．我国互联网金融发展问题研究［J］．经济研究参考，2013（49）：29-36．

［119］谢绚丽，沈艳，张皓星，等．数字金融能促进创业吗——来自中国的证据［J］．经济学（季刊），2018（7）：1557-1580．

［120］星焱．普惠金融的效用与实现：综述及启示［J］．国际金融研究，2015（11）：24-36．

［121］星焱．农村数字普惠金融的"红利"与"鸿沟"［J］．经济学家，2021（2）：102-111．

［122］肖威．数字普惠金融能否改善不平衡不充分的发展局面？［J］．

经济评论，2021（5）：50-64.

[123] 谢琳．乡村振兴战略下农村普惠金融对农村经济的功能性分析[J]．湖北社会科学，2020（8）：84-89.

[124] 谢地，苏博．数字普惠金融助力乡村振兴发展：理论分析与实证检验[J]．山东社会科学，2021（4）：121-127.

[125] 徐光顺，冯林．数字普惠金融对城乡收入差距影响的再检验——基于农户人力资本投资调节效应的视角[J]．农业经济问题，2022（5）：60-82.

[126] 许英杰，石颖．中国普惠金融实践发展、现状及方向[J]．西南金融，2014（6）：28-30.

[127] 袁文融，杨震宁．营商环境如何影响居民创业——营商硬环境与软环境的异同[J]．技术经济，2021（11）：35-45.

[128] 易行健，周利．数字普惠金融发展是否显著影响了居民消费——来自中国家庭的微观证据[J]．金融研究，2018（11）：47-67.

[129] 杨东，郑家喜，宋嘉豪．农村普惠金融发展对农户收入的影响研究[J]．农村经济，2021（1）：104-110.

[130] 杨德勇，代海川，黄帆帆．数字普惠金融对城乡居民收入差距的门限效应研究——基于不同发展维度的实证分析[J]．经济与管理评论，2022（3）：89-101.

[131] 杨艳琳，付晨玉．中国农村普惠金融发展对农村劳动年龄人口多维贫困的改善效应分析[J]．中国农村经济，2019（3）：19-34.

[132] 邹伟，凌江怀．普惠金融与中小微企业融资约束——来自中国中小微企业的经验证据[J]．财经论丛，2018（6）：34-45.

[133] 郑雅心．数字普惠金融是否可以提高区域创新产出——基于我国省际面板数据的实证研究[J]．经济问题，2020（10）：53-61.

[134] 钟真，蒋维扬，李丁．社会化服务能推动农业高质量发展吗？——来自第三次全国农业普查中粮食生产的证据[J]．中国农村经济，2021（12）：109-130.

[135] 赵鲲. 共享土地经营权：农业规模经营的有效实现形式 [J]. 农业经济问题, 2016 (8): 4-8.

[136] 张彤进, 蔡宽宁. 数字普惠金融缩小城乡居民消费差距了吗？——基于中国省级面板数据的经验检验 [J]. 经济问题, 2021 (9): 31-39.

[137] 张海燕. 数字普惠金融对农户收入结构影响的异质性研究 [J]. 统计与决策, 2021 (12): 152-156.

[138] 张合林, 王颜颜. 数字普惠金融与农业高质量发展水平的收敛性研究 [J]. 金融理论与实践, 2021 (3): 9-18.

[139] 张勋, 万广华, 张佳佳, 等. 数字经济、普惠金融与包容性增长 [J]. 经济研究, 2019 (8): 71-86.

[140] 张林, 温涛. 数字普惠金融如何影响农村产业融合发展 [J]. 中国农村经济, 2022 (7): 59-80.

[141] 张正平, 夏海, 毛学峰. 省联社干预对农信机构信贷行为和盈利能力的影响——基于省联社官网信息的文本分析与实证检验 [J]. 中国农村经济, 2020 (9): 21-40.

[142] 张贺, 白钦先. 数字普惠金融减小了城乡收入差距吗？——基于中国省级数据的面板门槛回归分析 [J]. 经济问题探索, 2018 (10): 122-129.

[143] 张卫东, 夏蕾. 营商环境对大众创业的影响效应——来自商事制度改革的证据 [J]. 改革, 2020 (9): 94-103.

[144] 张龙耀, 张海宁. 金融约束与家庭创业——中国的城乡差异 [J]. 金融研究, 2013 (9): 123-135.

[145] 张龙鹏, 蒋为, 周立群. 行政审批对创业的影响研究——基于企业家才能的视角 [J]. 中国工业经济, 2016 (4): 57-74.

[146] 张珩, 罗剑朝, 王磊玲. 农地经营权抵押贷款对农户收入的影响及模式差异：实证与解释 [J]. 中国农村经济, 2018 (10): 79-93.

[147] 张永奇.数字普惠金融对农村土地流转的影响及机制研究——来自 CFPS 与 PKU－DFIIC 的经验证据 [J].经济与管理，2022（3）：30－40.

[148] 朱一鸣，王伟.普惠金融如何实现精准扶贫？[J].财经研究，2017（10）：43－54.

[149] 周力，沈坤荣.中国农村土地制度改革的农户增收效应——来自"三权分置"的经验证据 [J].经济研究，2022（5）：141－157.

[150] 周立.中国农村金融体系的政治经济逻辑（1949～2019年）[J].中国农村经济，2020（4）：78－100.

[151] 周广肃，李力行.养老保险是否促进了农村创业 [J].世界经济，2016（11）：172－192.

[152] 周雨晴，何广文.数字普惠金融发展对农户家庭金融资产配置的影响 [J].当代经济科学，2020（3）：92－105.

[153] 湛泳，徐乐."互联网＋"下的包容性金融与家庭创业决策 [J].财经研究，2017，43（9）：62－75，145.

[154] Arestis P, Caner A. Financial liberalization and the geography of poverty [J]. Cambridge Journal of Regions Economy & Society, 2009, 2（2）：229－244.

[155] Armanios D E, Eesley C E, Li J. How entrepreneurs leverage institutional in-termediaries in emerging economies to acquire public resources [J]. Strategic Management Journal, 2017, 38（7）：1373－1390.

[156] Aleksandrov I, Burmistrov A, Rasskazova O, et al. Self-development of rural areas under digital economy conditions as exemplified by Northwestern Federal District regions [J]. IOP Conference Series：Materials Science and Engineering, 2019（9）：112－124.

[157] Beck T, Pamuk H, Ramrattan R, Burak R U. Payment instruments, finance and development [J]. Journal of Development Economics, 2018（133）：162－186.

[158] Banerjee A V, Newman A F. Occupational Choice and the Process of Development [J]. Journal of Political Economy, 1993, 101 (2): 274 – 298.

[159] Bruett T. How Disintermediation and the Internet are Changing Microfinance [J]. Community Development Investment Review, 2007, 3 (2): 44 – 50.

[160] Berger A N, Udell G F. Small business credit availability and relationship lending: the importance of bank organizational structure [J]. Economic Journal, 2018, 112 (477): 32 – 53.

[161] Bowen H, Clerc Q D. Institutional context and the allocation of entrepreneurial effort [J]. Journal of International Business Studies, 2008, 39 (4): 747 – 768.

[162] Bauer J M. The Internet and Income Inequality: Socio-economic Challenges in a Hyperconnected Society [J]. Telecommunications Policy, 2018, 42 (4): 333 – 343.

[163] Beck T, Demirguc – Kunta, Periam S M. Reaching out: access to and use of banking services across countries [J]. Policy Research Working Paper, 2007 (1): 234 – 266.

[164] Beck T, Demirguc – Kunta, Levine R, et al. Finance, inequality and the poor [J]. Journal of Economic Growth, 2007 (1): 27 – 49.

[165] Björkegren D, Grissen D. The potential of digital credit to bank the poor [J]. AEA Papers and Proceedings, 2018 (108): 68 – 71.

[166] Burgess R, Pande R. Do rural banks matter? Evidence from the Indian social banking experiment [J]. American Economic Review, 2005, 95 (3): 31 – 42.

[167] Chari A, Liu E, Wang S, Wang Y. Property rights, land misallocation, and agricultural efficiency in China [J]. Review of Economic Studies, 2021, 88 (4): 1831 – 1862.

［168］ Chen C, Restuccia D, Santaeulàlia Llopis R. The effects of land markets on resource allocation and agricultural productivity ［J］. Review of Economic Dynamics, 2021（4）: 212 – 228.

［169］ Demirgü c, Kunt A, Levine R. Finance and inequality: theory and evidence ［J］. Annual Review of Financial Economics, 2009（1）: 287 – 318.

［170］ Jin D. The inclusive finance have effects on alleviating poverty ［J］. Open Journal of Social Sciences, 2017（3）: 231 – 245.

［171］ Hau H, Huang Y, Shan H, Sheng Z. Tech – Fin in China: Credit Market Completion and Its Growth Effect ［N］. Working Paper, 2017.

［172］ Huang Y, Lin C, Sheng Z, Wei L. Fin – Tech Credit and Service Quality ［N］. Working Paper, 2018.

［173］ He D, Miao W. Financial exclusion and inclusive finance ［J］. China Economist, 2016, 11（3）: 64 – 76.

［174］ Ho Y P, Wong P K. Financing, regulatory costs and entrepreneurial propensity ［J］. Small Business Economics, 2007, 28（23）: 187 – 204.

［175］ Kapoor A. Financial inclusion and the future of the Indian economy ［J］. Futures, 2014, 56（10）: 79 – 92.

［176］ Kung K J. Off – Farm labor markets and the emergence of land rental markets in rural China ［J］. Journal of Comparative Economics, 2002（2）: 395 – 414.

［177］ Luo J, Li B. Impact of digital financial inclusion on consumption inequality in China ［J］. Social Indicators Research, 2022（2）: 1 – 25.

［178］ Levie J, Autio E. Regulation burden, rule of law, and entry of strategic entrepreneurs: an international panel study ［J］. Journal of Man-agement Studies, 2011, 48（6）: 1392 – 1419.

［179］ Manyika J, Lund S, Singer M, et al. Digital Finance for All:

Powering Inclusive Growth in Emerging Economies [M]. America: McKinsey Global Institute, 2016.

[180] Mcmillan J, Whalley J, Zhu L J. The impact of China's economic reforms on agricultural productivity growth [J]. Journal of Political Economy, 1989 (4): 781 – 807.

[181] Ozili P K. Impact of digital finance on financial inclusion and stability [J]. Borsa Istanbul Review, 2018 (4): 329 – 340.

[182] Oster E. Unobservable selection and coefficient stability: theory and evidence [J]. Journal of Business and Economic Statistics, 2019 (2): 118 – 131.

[183] Park C Y, Mercado R J R. Financial inclusion, poverty, and income inequality [J]. Singapore Economic Review, 2015 (1): 185 – 206.

[184] Park C Y, Rogelio U. Mercado. Does Financial Inclusion Reduce Poverty and Income Inequality in Developing Asia [M]. London: Palgrave Macmillan UK, 2016.

[185] Pan Y, Yang M, Li S, et al. The impact of mobile payments on the internet inclusive finance [J]. Journal of Management & Sustainability, 2016, 6 (4): 97 – 106.

[186] Peng X, Lu H, Fu J, Li Z. 2021. Does financial development promote the growth of property income of China's urban and rural residents? [J]. Sustainability, 2021, 13 (5): 2849 – 2853.

[187] Sarma M. Index of Financial Inclusion [R]. Indian Council for Research on InternationalEconomics Relations, 2008.

[188] Su Z. The co-evolution of institutions and entrepreneurship [J]. Asia Pacific Journal of Management, 2020, 26 (8): 1 – 24.

[189] Shevchuk A, Strebkov D. Entrepreneurial potential in the digital freelance economy: evidence from the Russian-language internet [J]. 2017 (5): 77 – 98.

[190] Tang L, Liu Q, Yang W, et al. Do agricultural services contribute to cost saving? Evidence from Chinese Rice Farmers [J]. China Agricultural Economic Review, 2018, 10 (2): 323 – 333.

[191] Waller G M, Woodworth W. Microcredit and third world development policy [J]. Policy Studies Journal, 2001 (2): 265 – 266.

[192] Xavier – Oliveira E, Laplume A O, Pathak S. What motivates entrepreneurial entry under economic inequality? The role of human and financial capital [J]. Human Relations, 2015, 68 (7): 1183 – 1207.

[193] Yang L, Zhang Y. Digital financial inclusion and sustainable growth of small and micro enterprises-evidence based on China's new third board market listed companies [J]. Sustainability, 2020 (9): 1 – 21.

[194] Zou F, Li T, Zhou F. Does the level of financial cognition affect the income of rural households? based on the moderating effect of the digital financial inclusion index [J]. Agronomy, 2021 (9): 1813 – 1845.